Harry E. Meville

Der Kreuzer

Ein Buch für Freunde des Wandersegelns

Harry E. Meville

Der Kreuzer

Ein Buch für Freunde des Wandersegelns

ISBN/EAN: 9783954270361
Erscheinungsjahr: 2012
Erscheinungsort: Bremen, Deutschland

© maritimepress in Europäischer Hochschulverlag GmbH & Co. KG, Fahrenheitstr. 1, 28359 Bremen. Alle Rechte beim Verlag und bei den jeweiligen Lizenzgebern.

www.maritimepress.de | office@maritimepress.de

Bei diesem Titel handelt es sich um den Nachdruck eines historischen, lange vergriffenen Buches. Da elektronische Druckvorlagen für diese Titel nicht existieren, musste auf alte Vorlagen zurückgegriffen werden. Hieraus zwangsläufig resultierende Qualitätsverluste bitten wir zu entschuldigen.

Harry E. Meville

Der Kreuzer

Ein Buch für Freunde des Wandersegelns

Der Kreuzer

Ein Buch für die Freunde des Wandersegelns

Von

H. Meville

Mit 3 Vollbildern, 5 Tafeln und 50 Abbildungen im Text

BERLIN W 62
RICHARD CARL SCHMIDT & CO.
1925

Inhalt.

	Seite
Vorwort	VII
I. Die Entwicklung der Kreuzer-Jacht	1
II. Das moderne Klassenboot als Kreuzer	25
III. Reine Kreuzer unserer Zeit	32
1. Große Jachten	32
2. Mittlere Kreuzerjachten	38
3. Kleine Kreuzer	47
4. Jollen-Kreuzer und Kanu-Jachten	62
IV. Die Takelage der Kreuzer-Jacht	81
Yawl	88
Ketsch	89
Schoner	91
V. Der Hilfsmotor	95
VI. Aus der Praxis an Bord	101
1. Das Lenzen	101
2. Ruder-Havarie	104
3. Der Seeanker	106
4. Werkzeuge	110
5. Spleiße und Knoten	112
VII. Das Kommando an Bord	114
VIII. Schlußwort	130

Vor dem Wind.

Vorwort.

„Ein Buch für die Freunde des Wandersegelns" habe ich diesen jüngsten Band der „Segelsport-Bücherei" genannt und damit von vornherein betont, daß hier nicht ein Lehrbuch im strengen Sinne dieses Wortes gegeben werden soll. —

Die Fahrtensegelei hat in den letzten Jahren auch in Deutschland eine Bedeutung gewonnen, an die man früher kaum gedacht hat. Wichtiger noch aber ist ohne Frage die Tatsache, daß auch ihre Jünger und Freunde sich dessen voll bewußt sind und nicht mehr wie früher still und selbstgenügsam abseits des eigentlichen „Sport"-Betriebes stehen können und wollen. Nicht nur die Entwicklung des sogenannten Klassen-Bootes zeugt von diesem Betätigungsdrang, — gerade auch der Eigner des „reinen", von keinen Vorschriften eingeengten Kreuzers will Sport treiben und heischt Beachtung seiner eigensten Belange.

Der Segler ist im allgemeinen kein großer Historiker. Wenige wohl sind sich darüber klar, daß damit nur das alte Gesetz vom Kreislauf aller Dinge sich auch hier erfüllt, und es erschien mir unter diesen Umständen als eine immerhin dankenswerte Aufgabe, hier ein Stück Geschichte des Segelsportes und — — des Kreuzers zu geben. Manches davon wird gerade dem, der heute an der Weiterentwicklung auf diesem Gebiet mitarbeiten will, nicht ohne Interesse sein. —

Wenn darüber hinaus einiges über technische und seemännische Dinge gesagt wurde, so schien das geboten in dieser Zeit des Wachsens und Werdens, die gerade dem Segelsport ständig neue Anhänger bringt, und so hoffe ich denn, einem möglichst großen Kreis von Freunden unseres schönen Sports — nach dieser oder jener Richtung hin — eine kleine Anregung gegeben zu haben.

Berlin im Januar 1925.

Der Verfasser.

I. Die Entwicklung der Kreuzer-Jacht.

„Im Anfang war der Kreuzer"! — Im Grunde ist dies abgewandelte Zitat eine Selbstverständlichkeit, wenn man sich vergegenwärtigt, daß der Segel-„Sport" letzten Endes doch nur aus der einfachen Freude an dem Genusse des Seefahrens entstanden ist. Ein Genuß, dessen Eigenart vielleicht am besten die Tatsache charakterisiert, daß der Berufsseemann bei allem Schimpfen über die „christliche Seefahrt", die bekanntlich ein rauhes Handwerk ist, sich — bewußt oder unbewußt — so wenig seinem Einfluß entziehen kann wie der Schauspieler dem der Bühne. Ich höre noch aus der Zeit der Erfüllung des eigenen, heißen Knabenwunsches, zur See gehen zu dürfen, die Weisheit eines eisgrauen Inspektors einer Bremer Reederei, der meinem sorgenden Vater klar machte, daß „trocken Brot an Land besser als Butterbrot und Käse (!) auf See" sei, — im weiteren Verlauf des Gesprächs aber ruhig zugab, daß er selbst wieder jung, — — auch wieder „nach See zu" gehen würde. — Die Dichter bringen das auf die poetischere Formel, die See sei eben ein eifersüchtiges Weib, das keinen ganz wieder loslasse, der sich einmal ihrem Zauber verschrieben.

Daß schon wenigstens die Römer, ja sogar noch vor ihnen u. a. der redliche, neuerdings so modern gewordene Tutanchamon, Fahrzeuge besaßen, die man füglich als „Jachten" bezeichnen kann, wissen wir. Allerdings sorgte für ihre Fortbewegung mehr der Rudersklave als das Segel, und es wurde dies erst anders, als die Bedeutung des Mittelmeers und mit ihr die des Ruderschiffes ein Ende fand.

Die erste und älteste Nachricht von einer Jacht-Wettfahrt stammt aus dem Jahre 1661, und zwar handelt es sich dabei um ein Privat-Rennen zwischen einer von einem Bootsbauer Pett erbauten Jacht König Karls II. von England und der seines Bruders, des Herzogs von York. Gewinner des Einsatzes von 100 Guineas war der König.

Ungefähr aus derselben Zeit (1657) stammen die Nachrichten über die erste deutsche Jacht, die „Kurfürstliche Leib-Jacht" des Großen Kurfürsten, und auch in Holland gab es damals bereits eine größere Anzahl derartiger Fahrzeuge.

Es ist mehr als wahrscheinlich, daß mindestens in Holland und England schon damals auch öfter Wettfahrten privater Natur zustande gekommen sind, denn der Wunsch zu sehen, wer schneller sei, ist keineswegs eine Eigenart des modernen Sportseglers. Er ist jedem Seemann eigen und sicher auch nicht erst ein Kind unserer Zeit. Schon die Mangelhaftigkeit des damaligen Nachrichtenwesens aber läßt es begreiflich erscheinen, wenn Genaueres hierüber nicht zu unserer Kenntnis gelangt ist, und wir die Anfänge seglerischen Sports erst rund sechs Jahrzehnte später feststellen können.

Im Jahre 1720 entstand in England, das inzwischen langsam aber mit tödlicher Sicherheit den Holländern die Vorherrschaft auf dem Meere entwunden hatte, der erste Jacht-Klub, der „Cork Harbour Water-Club", der heutige „Royal Cork Y. C." — Von einer lebhafteren Tätigkeit auf diesem Gebiet aber kann man auch in England erst seit dem Anfang des 19. Jahrhunderts (1812 „Royal Yacht Squadron", 1823 „Royal Thames Y. C.", 1824 „Royal Northern Y. C." usw.) sprechen. —

Von den vorerwähnten fürstlichen Jachten besitzen wir ziemlich genaue und gewissenhafte Beschreibungen, die sich bis auf Kleinigkeiten des Inventars erstrecken, und wer sich dafür interessiert, kann sogar erfahren, daß besagte Kurfürstliche Leib-Jacht auch einen — „Kammer - Stuhl" (das heutige „Iduna - Unterwasser-Pump-W. C.") an Bord hatte. Wichtiger für uns hier ist aber eine Tatsache, die dem ganzen Jachtsegeln jener Tage bis in die Mitte des 19. Jahrhunderts hinein das Gepräge verlieh: die damaligen Jachten waren schiffbaulich betrachtet nichts anderes als verkleinerte Ausgaben der jeweiligen Fahrzeuge der Kriegs- oder Handelsflotte.

Angesichts des Fehlens einer im Sinne unserer Zeit sportlichen Betätigung der Schiffe ist dies auch nicht mehr als natürlich und selbstverständlich. Die großen Dampfjachten unserer Tage und auch eine recht stattliche Anzahl großer Ozean-Segeljachten entsprechen noch heute durchaus dem gleichen Bilde und sind Schiffe wie ähnliche Fahrzeuge der Erwerbsflotte auch, nur daß — wie auch damals schon, sobald zielbewußte schiffbauliche Erwägungen überhaupt merkbar wurden — die Linien ohne Rücksicht auf die Unterbringung von Ladung, lediglich im Hinblick auf die Erzielung guter See-Eigenschaften und großer Geschwindigkeit festgelegt werden. Auch das im Laufe der Zeit wohl immer stärker betonte Streben nach dieser verhältnismäßig hohen Schnelligkeitsleistung konnte hieran zunächst nicht viel ändern. Schon aus dem einfachen Grunde nicht, weil der Bau von Schiffen damals rein handwerksmäßig betrieben wurde, und es ohne grundlegende Neuerungen, die völlig außerhalb des Gedankenbereiches der damaligen, einfachen Bootsbauer lagen, gar nicht möglich gewesen wäre, wesentlich anderes zu schaffen. Gewiß entfiel, wie schon oben angedeutet, bei der Jacht die Notwendigkeit, auf die Aufnahme von Fracht (oder auf die Aufstellung von Geschützen) Rücksichten zu nehmen. Andererseits aber war man lange Zeit hindurch an gewisse äußere Formen durch geheiligte Überlieferungen gebunden, was wieder, um nur ein Beispiel anzuführen, das Verhältnis von Länge zu Breite und auch den Völligkeitsgrad der Unterwasserformen in gelegentlich kaum überschreitbare Grenzen zwang. Ebensowenig war es möglich und tunlich, die Segelfläche in dem Maße zu vergrößern, wie es bei modernen Jachten geschehen ist. Ganz abgesehen davon, daß dies naturgemäß nicht viel geholfen hätte.

Schnelligkeiten, wie die Rennjachten unserer Zeit sie leisten, waren eben nur auf Wegen zu erzielen, die den damaligen Schiffbauern völlig fremd waren, und tatsächlich gehörte wohl die gänzliche Freiheit von hemmenden Überlieferungen dazu, die nur Amerika besaß, um sie zu finden und zu gehen. —

In England hatte das als einfacher „Yacht-Klub" in das Leben getretene heutige „Royal Yacht Squadron" mit überraschender Schnelligkeit die Führung auf dem Gebiete des Jachtsegelns zu erlangen gewußt. Schon wenige Jahre nach der Gründung des Klubs traten ihm der damalige Prinz-Regent (später König Georg IV., bekannt als der „erste Gentleman von Europa") sowie die Herzöge von Clarence und Gloucester als Mitglied bei, und Georg IV. war es auch, der dem Klub das Prädikat „Royal" verlieh. Im Jahre 1829 wurde dann weiter dem Klub durch Admiralitätserlaß das Recht zur Führung der Kriegsflagge auf seinen Jachten verliehen, womit er unbedingt an die erste Stelle rückte; und es ist unter diesen Umständen wohl begreiflich, wenn seit nun fast einem Jahrhundert der höchste Ehrgeiz jedes englischen Jachtbesitzers, der in der Gesellschaft etwas gelten will, darin gipfelt, seinen Namen in der Mitgliederliste dieses Klubs lesen und unter den Namen seiner Jacht das „R. Y. S." setzen zu dürfen. Um so mehr, als die Anteilnahme der königlichen Familie an den Geschicken des Klubs ihm bis auf den heutigen Tag erhalten geblieben ist, was dem Gedeihen einer derartigen Vereinigung nicht abträglich zu sein pflegt. Noch heute ist das Rennen um den Königs-Pokal mit das Hauptereignis der Woche von Cowes, und die Geschichte dieses Preises reicht bis auf das Jahr 1833 zurück, in dem der später als

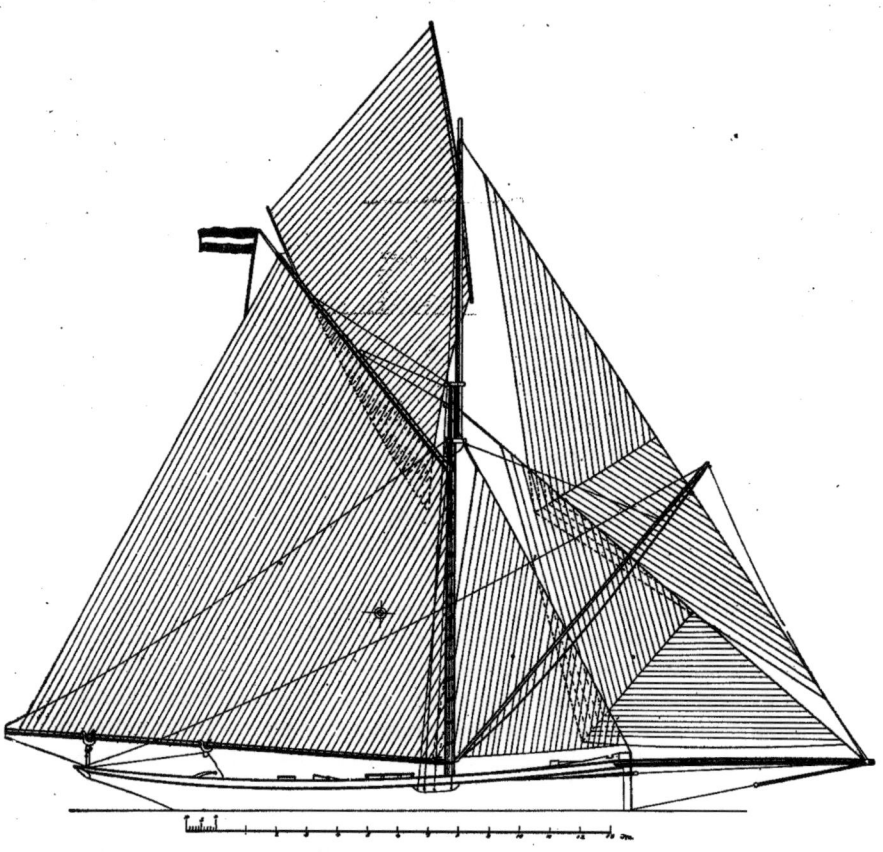

Abb. 1. Kutterjacht „Quickstep", Segelplan.

William IV. zur Regierung gelangte Herzog von Clarence dem Club den ersten 100 Guineas-Pokal stiftete, den als erster der Kutter „Harriet" des Herrn G. W. Henneages gewann. — —

Wenn der Segelschiffsseemann und ebenso der Schiffbauer der alten Schule bekanntlich reichlich konservativ dachte und wenig Neigung zeigte, sich für Neuerungen zu begeistern, so konnte ihm der englische Sportsegler jener Zeit in dieser Hinsicht sicher noch einen gehörigen Tampen vorgeben. Man hielt auf Tradition in jeder Hinsicht, bis auf den vorschriftsmäßigen Außenanstrich der Jacht, betrachtete die Etikette und die Ordnung der Kriegsflotte als das gegebene Muster und fand im allgemeinen, daß die Dinge so sein mußten, wie sie eben waren.

Man kann sich in unserer schnellebigen Zeit davon sicher kaum ein zutreffendes Bild machen. Tatsächlich hat es in der Segelschiffahrt Jahrzehnte gedauert, bis irgend eine kleine, aus der Praxis geborene Verbesserung in weiteren Kreisen zur Geltung kam. Von umwälzenden Erfindungen, noch dazu, wenn sie von außen kamen, ganz abgesehen. Im übrigen hatten schließlich gerade die Yachtsmen des damaligen merry old England allen Grund, konservativ zu sein. Das Essen war reichlich so gut wie der Portwein und der Sherry, den die Handelsflotte brachte, und in dem viel zu wenig gelesenen Marryat-Roman „Die drei Kutter" ist uns denn auch die recht behagliche Schilderung der seglerischen Betätigung jener Zeit gegeben. Wonach es freilich nicht recht begründet erscheint, wenn er in demselben Werk das Jachtsegeln nicht nur ein männliches und patriotisches, sondern auch ein „aufregendes" Vergnügen nennt. In den „Drei Kuttern" wenigstens regt sich niemand sonderlich auf. Man aß und trank gut und reichlich, genoß in vollen Zügen alle Schönheiten der See und hielt darauf, daß auch der mehr oder weniger ernsthafte „Flirt" zu seinem Rechte kam. Im übrigen war man stolz auf die seebeherrschende Britannia und ihre Kriegsflotte, und der Sport äußerte sich im wesentlichen darin, daß man bestrebt blieb, den stolzen Linienschiffen und Fregatten an „smartness" und „seamanship" möglichst noch etwas vorgeben zu können. Die Jacht jener Tage sollte und mußte ein Kriegsschiff im kleinen sein, wozu Messingkanonen — selbstverständlich so blank geputzt, daß sie wie Gold glänzten — ebenso gehörten, wie eine genau bemessene und sorgfältig getoppte Takelage. Im übrigen ging man einem gelegentlichen Match so wenig aus dem Wege, wie dies der Turensegler heut tut, und es kam weiterhin auch bald zu regelrechten Wettfahrten, die nach Lage der Dinge für unsere heutigen Begriffe allerdings wohl mehr gesellschaftliche als sportliche Veranstaltungen waren, — im wesentlichen aber war damals der englische Segelsport das Ideal des heutigen Kreuzer-Mannes, und — — es scheint, daß man sich sehr wohl dabei befunden hat. —

In den übrigen europäischen Ländern lagen die Dinge im großen und ganzen nicht anders als in England, wenngleich der ganze Rahmen etwas enger und bescheidener war. In Holland, wo der Segelsport an Alter wohl mit dem Englands wetteifern kann, ist dieser konservative Einschlag ja bis auf den heutigen Tag erhalten geblieben, und der rein nationale Typ des breitbugigen „Botters", den wir auch von Kuff und Tjalk her kennen, spielt dort noch immer eine Rolle von unverkennbarer Bedeutung.

Sehr bescheiden scheint dabei stets die Neigung für größere Jachtreisen in Holland gewesen zu sein. Die weitaus überwiegende Zahl der dem historischen Bilde des behäbigen Mynheer so gut schon äußerlich entsprechenden Jachten Hollands dürfte sich immer in der Küstenfahrt der Nordsee betätigt haben, für die sie mit ihrem platten Boden und den runden Formen, denen es gar nichts ausmacht, wenn das Schiff bei Ebbe auf den Watten trocken fällt, besonders gebaut sind. Im übrigen sind diese

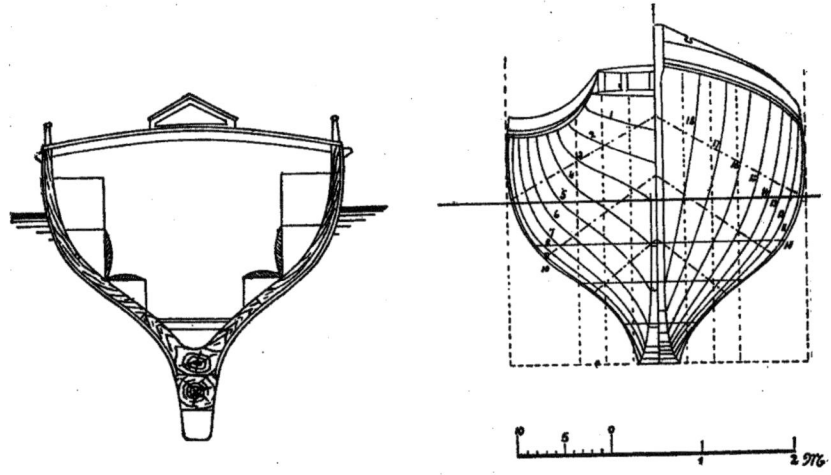

Abb. 2. Querschnitt und Spantenriß des Kutters „Quickstep".

Fahrzeuge keineswegs so schlechte und langsame Segler, wie man gemeinhin annimmt. Wenn sie natürlich auch mit einer modernen Rennjacht nicht in Wettbewerb treten können. Daß sie ein hohes Maß von Seetüchtigkeit besitzen, ist bekannt und selbstverständlich. — —

Ziemlich alt ist nächstdem auch die Gestaltung des sportlichen Segelns in den nordischen Reichen und vor allem in Schweden, wo die bekannte „Königlich schwedische Segelgesellschaft" bereits auf das stattliche Alter von einigen 90 Jahren zurückblicken kann, und auch hier hat der nationale, im wesentlichen den einheimischen Fischerfahrzeugen nachgebildete Typ immer hoch in Ansehen gestanden. Nicht mit Unrecht übrigens, denn diese Gebrauchsfahrzeuge, die oft in sehr hohem Maße auf ihre Seeeigenschaften hin beansprucht werden und beansprucht werden müssen, sind den jeweiligen örtlichen Ansprüchen der betreffenden Gewässer meist durch lange Erfahrung angepaßt und geben ausgezeichnete Boote auch als Kreuzer ab. Hat es sich doch mehrfach herausgestellt, daß selbst die wissenschaftlich

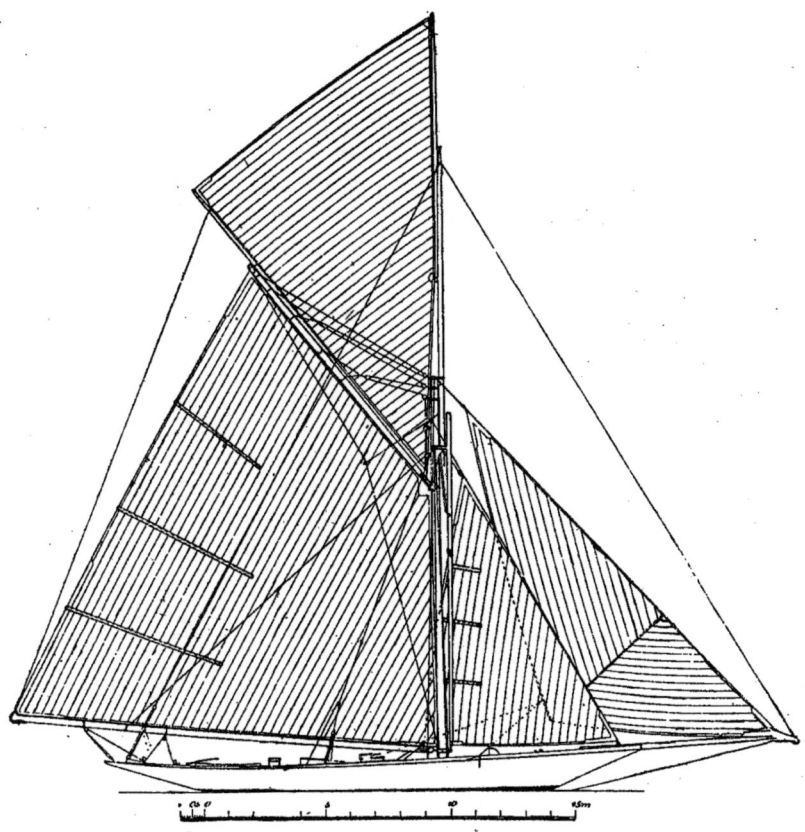

Abb. 3. Segelriß der Kutter-Jacht „Gloriana".

hoch entwickelte Jachtbaukunst unserer heutigen Zeit an derartigen Fahrzeugen nichts zu verbessern imstande war.

Der eigentliche Ur-Typus der nordischen Boote findet sich noch heut vor allen Dingen in Norwegen in Reinkultur vor und entspricht fast vollkommen den berühmten (zu ihren Lebzeiten übrigens, auch einigermaßen berüchtigten) Drachen der alten Wikinger. Ein hoher, meist beträchtlich über die Bordwand hinaus verlängerter Vorsteven, das Spitzgattheck, starker Sprung und ein wettfahrt fand übrigens bereits 1850 statt) das amerikanische, reichlich extreme Schwertboot „Laura" nach dort brachte, das eine Sensation in jeder Beziehung darstellte und alles mit Leichtigkeit schlug, was sich ihm entgegenstellte.

Das damals noch unbehelligt gleichberechtigte Schwertboot gestattete dabei den Berliner Seglern, einer offenkundigen Vorliebe für sehr große Fahrzeuge im weiten Umfange nachzugeben, und es hat wohl nirgends im Binnen-Segelsport eine solche Anzahl, teilweise geradezu riesiger Boote gegeben, wie bis in den Anfang des 20. Jahrhunderts hinein in Berlin. Namen wie „Wannsee", „Oberspree", „Uarda" u. a. m. sind noch heute unvergessen, und es darf gesagt werden, daß sie auch nach heutigen Begriffen recht beachtliche Fahrzeuge waren. Vor allen Dingen vom Standpunkt des Wanderseglers aus. Für die eigentliche Binnenfahrt, trotz der bekanntlich recht günstigen Wasserverhältnisse in Berlin entschieden reichlich groß, hatten sie jedenfalls in weitgehendem Maße das — noch heute bestehende — Problem des Bootes, das „in Berlin zu Haus, aber auch auf der Ostsee heimisch" ist, gelöst, und waren nächstdem ebenso imposante Vertreter ihrer Klubfarben, wie vorzügliche Segler.

Es dürfte von Interesse sein, wenn wir hier die Abmessungen zweier dieser berühmten Boote wiedergeben wollen, und zwar seien „Wannsee", ein reiner Kutter Saefkowscher Herkunft und die von Heidtmann konstruierte „Vielliebchen" gewählt:

	Wannsee	Vielliebchen
Länge über Alles	13,80 m	14,00 m
„ i. W. L.	11,90 m	11,05 m
Größte Breite	3,65 m	4,02 m
Breite W. L.	3,45 m	3,58 m
Rumpftiefgang	1,30 m	1,20 m
Tiefgang mit Schwert . .	3,00 m	3,04 m
Ballast am Kiel	4300 kg	3750 kg
Innenballast	150 kg	2500 kg
Amwindsegel	167,83 qm	193,00 qm
Spinnaker	63,00 qm	87,00 qm

Neben diesen großen Kreuzern feierte dann, wie schon oben angedeutet, das immer stärker in das Extreme getriebene Renn-Schwertboot, die sogenannte „Flunder", ihre Triumphe.

Das Problem des See- und Binnenkreuzers war dabei damals überhaupt nur auf dem Wege der „Wannsee" und ihrer Gefährtinnen zu lösen, die reine See-Jacht jener Tage, für deren Entwicklung England zunächst tonangebend blieb, schied für den Binnensegler einfach grundsätzlich aus. Mit ihrem Tiefgang hätte sie Räder unter dem Kiel haben müssen, um Binnen fahren zu können. Dabei waren aber schon sehr bald selbst die gemäßigteren unter diesen „Linealen" nicht einmal mehr in ihrem eigentlichen Element wirkliche, bequeme Fahrzeuge. — Die einfache Folge eines durch lebhaftere Wettfahrttätigkeit notwendig gewordenen Meßverfahrens. Lange, sehr schmale und scharfe Boote mit sehr großem Tiefgang und tief gelagerten Ballastmengen, die ihnen die Fähigkeit gaben, ganz enorme Segel zu tragen, waren sie reichlich unbequeme Fahrzeuge, denn nur bei einigermaßen frischem Winde segelten sie unter Neigungswinkeln, die den Aufenthalt an Bord zu allem eher als zu einer Annehmlichkeit gestalteten, und sobald außerdem auch noch Seegang aufkam, steckten sie unter dem Druck ihrer großen Segel die Nase bis hinter den Mast ins Wasser. Kein Wunder schließlich, wenn man gerade in England selbst schon damals über den Unfug der „Rennmaschinen" schimpfte. Was freilich nicht hindern konnte, daß die Lineale nicht nur die Rennbahnen jenseits des Kanals beherrschten, sondern auch im übrigen Europa Bewunderer fanden.

Der sehr tüchtige allzu früh dem deutschen Segelsport entrissene Saefkow hat eine ganze Anzahl derartiger Boote — eins der bekanntesten dürfte „Lolly" des bekannten Marinemalers und -forschers Kapitän L. Ahrenhold gewesen sein — gezeichnet, und sie haben auf den deutschen Regatten jener Zeit manchen Preis erobert. Im übrigen ist für eine Betrachtung, wie die vorliegende, das Auftreten und Glück und Ende der reinen Kielboote dieser Epoche besonders insofern von Interesse, als auch hier schon bewiesen wird, wie selbst verhältnismäßig einfache Meßformeln sofort eine Trennung zwischen der Rennjacht, die in erster Linie Wettfahrten segeln soll, und dem „Kreuzer" herbeiführen. Der bekannte, heiße Streit unter dieser Flagge ist keineswegs, wie so viele glauben, ein Kind unserer Tage — er beginnt mit dem ersten Versuch, das Wesen der Jacht für Wettfahrtzwecke in ein System zu bringen.

Wie es nun aber längst festgestellt werden konnte, daß auf diese Weise von der erstaunlichen Entwicklung der modernen Rennjacht die Erwerbs-Segelschiffahrt so gut wie nichts mit Nutzen verwenden kann (die Schiffe sollen eben bei aller wünschenswerten Schnelligkeit eben auch noch wesentlich anderen Aufgaben gerecht werden), so muß auch der Turensegler sich darüber klar sein, daß eine Rennjacht, selbst wenn sie keineswegs „extrem" ist, nie auch ein wirklich guter Kreuzer. sein kann.

Welche Bedingungen hier mit maßgebend sind, beweisen neben anderem die nachfolgenden Betrachtungen über Einhand-Kreuzerjachten.

In gewissem Sinne kann man vielleicht ruhig sagen, daß es eine moderne Einhand-Jacht überhaupt nicht gibt, bzw. wenn es eine gibt, so ist sie nicht „modern". Eine im strengen Sinne des Wortes „Einhand"-Jacht ist undenkbar und auf die Dauer unmöglich, ohne die berühmte Eigenschaft, geraume Zeit hindurch mit festgelegtem Ruder auch ohne Steuermann ihren Weg zu suchen, und es gibt keine modern geformte Jacht und kann keine geben, die dies auch nur 10 Minuten mit Sicherheit leistet. Wie viele moderne Jachten kann man weiter nur mit stehendem Großsegel ihrem Anker anvertrauen? — Bei den allermeisten darf man mit Sicherheit darauf rechnen, daß sie bald genug auf eigne Faust zu segeln anfangen werden.

Daß diese gesteigerte „Lebhaftigkeit" der modernen Jachten nichts anderes als die logische und naturgemäße Folge der starken Beschneidung des Lateralplanes ist, liegt auf der Hand. Ein Schiff, in dem man derartige für den Kreuzer durchaus wünschenswerte und schätzbare Bequemlichkeiten haben will, muß eben, wie der Seemann sagt, „etwas im Wasser haben". Es ist nicht ohne Nutzen, alte Jachten, besonders geringerer Abmessungen von diesem Gesichtspunkt aus zu betrachten und sie mit modernen Booten zu vergleichen. Es gehört kein allzu tiefes Eindringen in die Wissenschaft des Schiffbaues dazu, um sich den Unterschied beim Segeln vorzustellen.

Nun ist aber der heutige Reisesegler in allzu vielen Fällen selbst ein durchaus moderner Herr, der den älteren Fahrzeugen mit einem schlecht verhohlenen Mißtrauen gegenübersteht. Nicht zuletzt spielt dabei die Sorge um das leichte und schnelle Wenden des Bootes eine Rolle, und auch das ist bei näherer Überlegung natürlich ein unhaltbares Bedenken. In der Praxis wird selbst ein Boot aus der ältesten Schule nur bei Totenflaute eine Wendung ganz versagen, wenn sein Besitzer das Fahrzeug kennt und in allen Lagen wirklich beherrscht. Wie steht es aber nun mit der Schnelligkeit? — Es ist dies bekanntlich eine sehr wichtige Frage. So sehr allzu viele Turensegler auf das moderne Boot schimpfen, — heilige Scheu haben sie doch meist vor dem möglicherweise langsamen Boot, und in diesem Verdacht stehen merkwürdigerweise die „alten" Fahrzeuge bei ihnen nicht weniger als bei den eifrigsten Rennseglern.

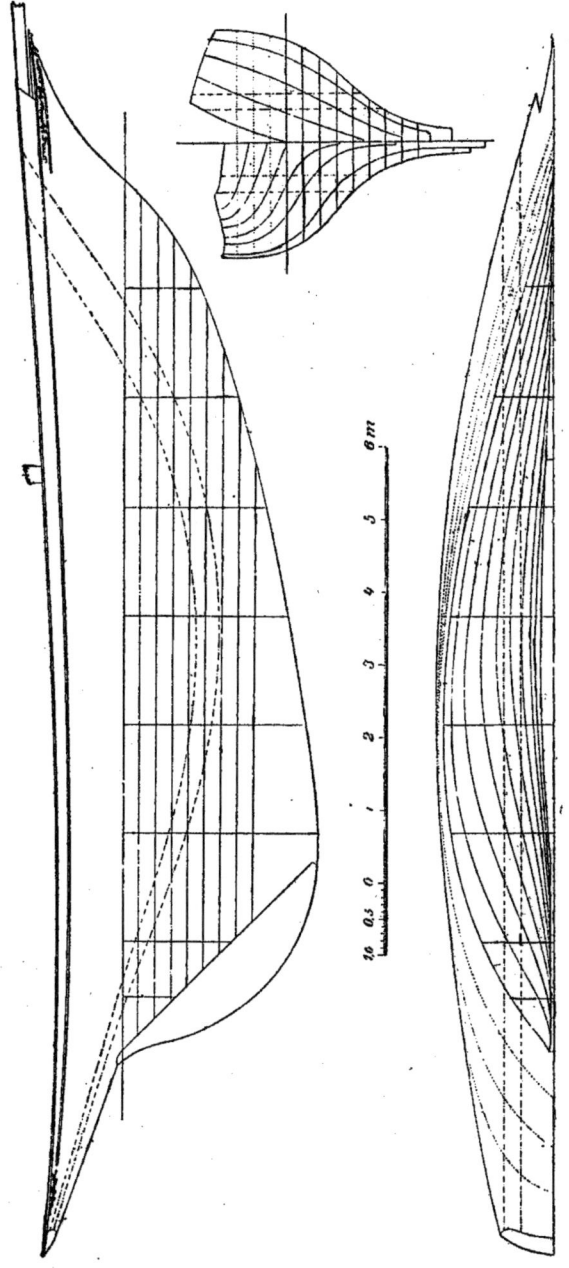

Abb. 6. Kutter-Jacht „Minerva". Erbaut 1888 von Fife.

Länge über Deck 16,46 m, Länge in W.L. 12,19 m, Breite in W.L. 3,20 m, Tiefgang 2,82 m, Deplacement 15 cbm, davon Bleikiel 9500 kg. In New-York und Boston bei 12 Wettfahrten 9 erste und 2 zweite Preise.

Tatsächlich haben dabei aber nur die letzteren wirklich recht. Ein Boot, wie die in Abb. 6 wiedergegebene „Minerva", eine Fifesche Konstruktion, die eine außerordentliche Rolle in den berühmten Kämpfen der 40 Fußer in den 80er Jahren gab und auch zu den Jachten gehörte, die zu diesen Wettfahrten anstandslos über den Ozean segelten, ist ohne Frage noch heute als Kreuzer nahezu unübertrefflich. Sie wird auch absolut und selbst auf kurzen Strecken in glattem Wasser gar nicht so viel langsamer sein als ein modernes Boot gleicher Größe, wird aber im Seegang sowohl, wie als Schiff überhaupt, das bei weitem überlegene Boot sein. Im übrigen braucht man nur diejenigen unserer modernen Boote zu betrachten, die von bewährten Konstrukteuren als reine Reisekreuzer und ohne Rücksicht auf ein Meßverfahren entworfen worden sind, und man wird finden, daß die Entwicklung nach rückwärts schon heut gar nicht mehr so weit von der „Minerva" entfernt ist. Am wenigsten bei den besten und schnellsten dieser Art und vor allem bei den besten Seebooten. Der Klippersteven, für viele „das" Signum des alten Bootes, dürfte, abgesehen davon, daß er im Grunde eine Äußerlichkeit darstellt, dem Aussehen des Bootes nur förderlich sein. Im übrigen ist er natürlich keine Notwendigkeit.

Schließlich aber soll man sich immer klar machen, daß Schnelligkeit auch ohne das Meßverfahren nur ein relativer Begriff ist. Eine übertakelte Rennflunder vergangener Tage, die ein paar Leute nötigenfalls aus dem Wasser heben und tragen konnten, wird natürlich noch „schnell" sein, wenn selbst ein modernes Boot fast bewegungslos auf dem spiegelglatten Wasser liegt, und so wird auch ein Boot wie „Minerva" bei leichter Brise von modernen Booten sicherlich glatt geschlagen werden, obwohl sie auch bei solchen Verhältnissen für damalige Verhältnisse bemerkenswert gut und schnell war. Für den wirklichen Turensegler kommt es aber in bezug auf Schnelligkeit auf die Durchschnittsleistung in längeren Zeitabschnitten an, in denen er sehr verschiedenartigen Wetterverhältnissen begegnen wird. Unter solchen aber wird das „langsame" Boot auf See sogar fast immer das schnellere sein. Mindestens, sobald es einen längeren Törn mit gehörigem Seegang findet.

Für den kleineren Binnen-Kreuzer (auch wenn er groß genug für einen Schlag in See sein soll) — liegen die Verhältnisse, wenn auch aus anderen Gründen, ganz ähnlich. Da er in seiner Bewegungsfreiheit durch die Wassertiefe erheblich eingeschränkt ist, wird der wirkliche Kreuzer hier sehr häufig ein Schwertboot (wenn auch ein stabiles Kiel-Schwertboot) sein müssen. Das gekaufte

Rennboot wird unter diesen Verhältnissen, wenn auch die Einrichtungsmöglichkeiten, die beim Binnenboot doch erst an zweiter Stelle kommen, ausreichend erscheinen, auch nur selten eine ganz reine Freude sein. Im allgemeinen wird nun heut der praktische Segler geneigt sein, als das Charakteristikum der Kreuzer die Einrichtung zu betrachten. Kaum ganz mit Unrecht zunächst. Wer, besonders auf einem Seekreuzer, wochenlang an Bord wohnen und leben will, wird auch ohne in irgendeinem Sinne „verwöhnt" zu sein, gewisse Mindestwünsche an die Behaglichkeit stellen müssen. Die bekannten rauhen „Seebären", die alles derartige grundsätzlich verdammen, findet man jedenfalls häufiger am Biertisch als anderswo, und wirklich ausgedehnte Reisen, auf denen man tagelang unter Segel ist und das Wetter wirklich nehmen muß, wie man es findet, verlangen ein gewisses Maß von Erholungsmöglichkeiten schon insofern, als die Erschöpfung der gering bemessenen Mannschaft vielleicht die größte, wirkliche Gefahr für das Boot vorstellt.

Trotzdem schafft auch die bestechendste Einrichtung allein keinen Kreuzer, auf dem auch längere Reisen noch volles Behagen gewähren. Die äußeren Formen des ganzen Schiffskörpers sind es vielmehr, die ein Boot zum Kreuzer im Sinne des Wanderseglers brauchbar oder unbrauchbar machen, und es heißt, sich der erforderlichen Kenntnis der Tatsachen gewaltsam verschließen, wenn man nicht anerkennen will, daß nach dem heutigen Stande des Jachtbaues Renn- und Wanderboote grundsätzlich verschiedene Wege gehen müssen. Sogar, wie hier nur kurz bemerkt sei, selbst in den größten Klassen. So wenig es möglich war, aus einem der alten „Lineale" (die dabei auch wesentlich schneller waren als ihre Vorgängerinnen und mithin einen Fortschritt darstellten, an dem der Rennboot-Konstrukteur nicht vorbeigehen durfte) einen brauchbaren Kreuzer zu machen, so wenig ist dies bei den modernen Booten der Fall, soweit sie mit dem Flossenkiel-Prinzip (unbeschadet seiner Vorzüge für das Rennboot) nicht gründlich brechen.

Wer diese Frage erörtern will, darf von vornherein nicht übersehen, daß der Begriff „Schnelligkeit", mit dem unsere Konstrukteure und wir selbst operieren, hier ganz besonders schwer zu bestimmen ist. Eine absolut sehr schnelle Jacht kann durch ein entsprechendes Meßverfahren völlig wertlos werden. Zum andern aber fehlen sichere, ziffernmäßige Vergleichswerte mit Dauergeschwindigkeiten besonders älterer Kreuzer so gut wie völlig, und es ist recht fraglich, ob der Geschwindigkeitsunterschied zwischen alten und neuen Kreuzern auf langen Reisen sehr erheblich ist.

Die Entwicklung der modernen Jachtform datiert aus dem Ende der achtziger bzw. dem Anfang der neunziger Jahre. Es kann dabei nach Max Oertz als der bezeichnendste Unterschied zwischen alter und neuer Schule im Jachtbau der Glaube an ausschließlich den Form - Widerstand der ersteren und die Erkenntnis der Bedeutung des Reibungs - Widerstandes durch die letztere gelten. Der Wunsch, diesen Reibungswiderstand durch eine möglichst geringe benetzte Oberfläche so klein wie möglich zu gestalten, ist es, der in seinem Extrem zum Wulstkieler, einer flachen Schale mit angesetzter Ballast-Platte, geführt hat, und der, nachdem dies Extrem sich so wenig wie alle seinesgleichen als das Ideal bewährt hat, zu unserer modernen Jacht sich entwickelte.

Eine Betrachtung der beigefügten Profile von Fahrzeugen, von der berühmten „Amerika" bis zu der noch wesentlich mehr Aufsehen erregenden Herreshoff-Schöpfung „Gloriana" (aus der heraus sich der Wulstkieler entwickelte, der in Deutschland in „Gudruda" und „Kommodore" seine bedeutendsten Vertreter fand), zeigt diese Entwicklung deutlich. Auch ein genaueres Studium der Hauptabmessungen der Fahrzeuge ist recht lehrreich und mag daher nachstehend folgen.

	„Amerika"	„Thistle"	„Gloriana"
Länge ü. A.	32,99 m	35,08 m	21,56 m
Länge i. W. L.	27,58 „	26,26 „	13,72 „
Größte Breite	6,88 „	6,20 „	3,96 „
Breite i. W. L.	—	5,96 „	3,96 „
Tiefgang	3,48 „	3,95 „	3,17 „

Für die Beurteilung der Segeltragkraft der beiden jüngeren Boote ist die Tatsache von Interesse, daß, während die Kuttertakelage der „Thistle" (ohne Topsegel und Flieger) 511,2 qm betrug, die in der W.L. halb so lange „Gloriana" 338,15 qm tragen konnte. In der Segelzeichnung der berühmten Herreshoff-Jacht fällt dabei das riesige Toppsegel besonders auf.

Mit dem Fortschreiten dieser Entwicklung (die dabei für das Rennboot durchaus logisch und gegeben war) mußte nun aber mit Naturnotwendigkeit der Augenblick kommen, in dem der Kreuzer abermals gezwungen sein würde, eigne Wege zu suchen und zu wandeln. Zwangen ihn hierzu die „Lineale" als zu sehr in das Extrem entwickelte, scharfe Schiffe, so wurde das Rennboot der

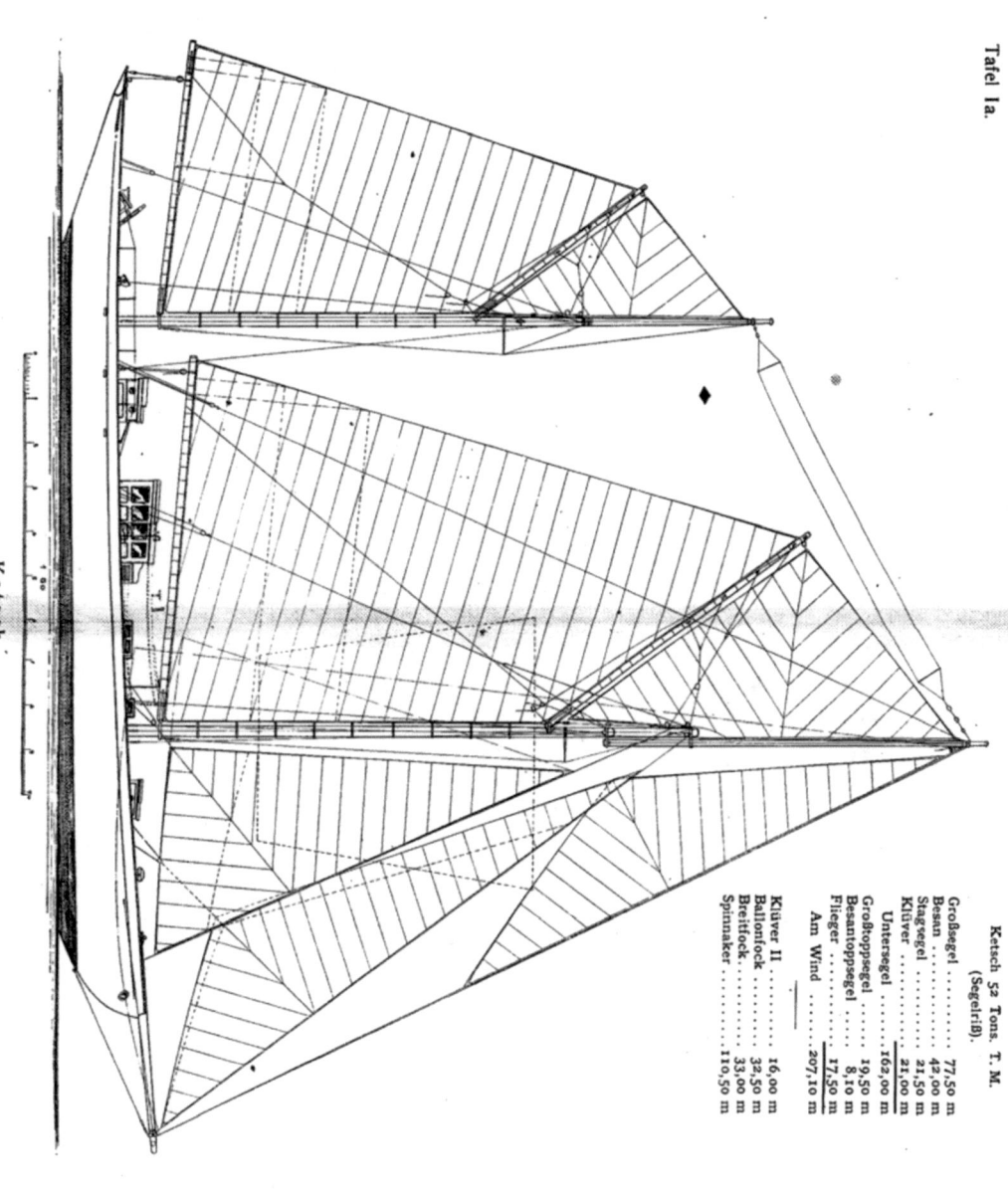

Tafel I a.

Ketsch.

Ketsch 52 Tons. T. M.
(SegelriB).

Großsegel	77,50 m
Besan	42,00 m
Stagsegel	21,50 m
Klüver	21,00 m
Untersegel	162,00 m
Großtoppsegel	19,50 m
Besantoppsegel	8,10 m
Flieger	17,50 m
Am Wind	207,10 m
Klüver II	16,00 m
Ballonfock	32,50 m
Breitfock	33,00 m
Spinnaker	110,50 m

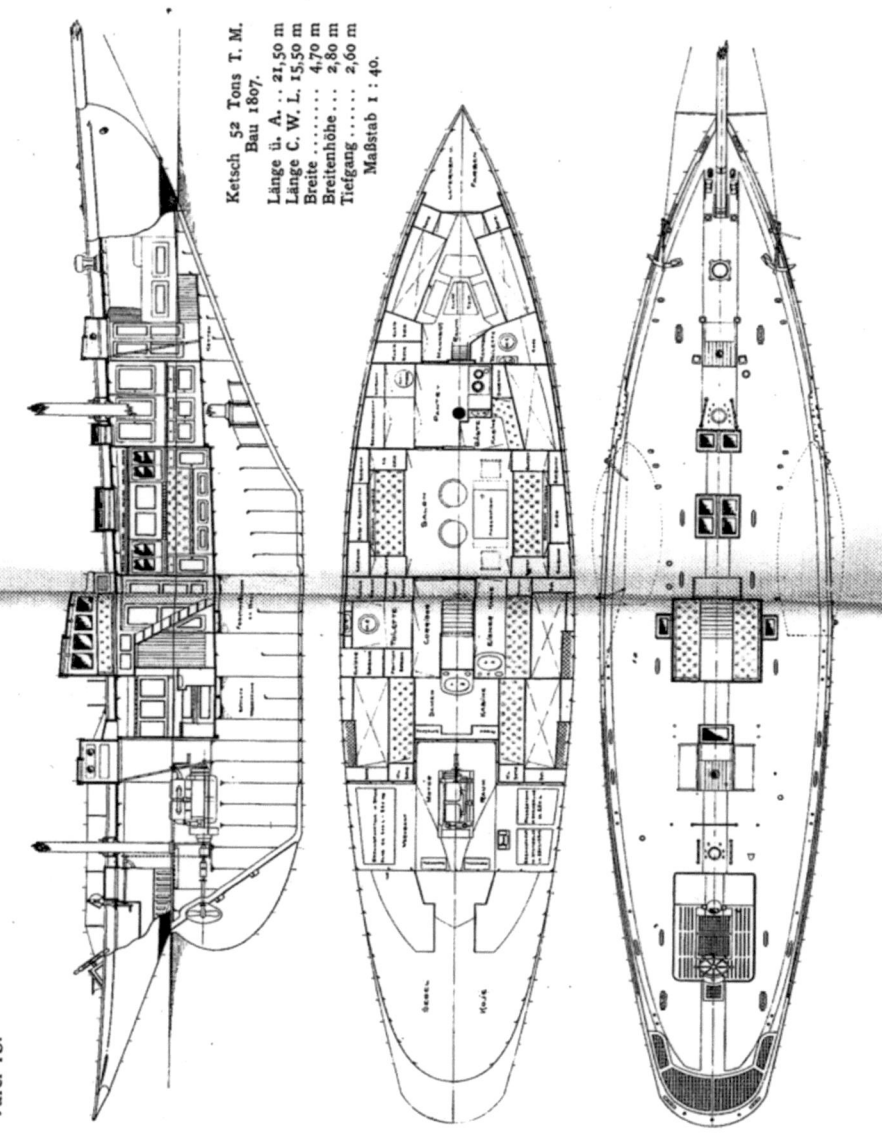

Tafel Ib.

Ketsch 52 Tons T. M.
Bau 1807.

Länge ü. A. ... 21,50 m
Länge C.W.L. 15,50 m
Breite .... 4,70 m
Breitenhöhe ... 2,80 m
Tiefgang ..... 2,60 m

Maßstab 1 : 40.

neuen Schule, sobald es sich weiter entwickelte, von anderem abgesehen, ein zu empfindliches Instrument, um Rennboot und Kreuzer in sich zu vereinigen.

Anfänglich war dies naturgemäß keineswegs der Fall. Im Gegenteil bedeuteten die neuen Boote zunächst auch für den Freund des Kreuzersegelns einen sehr entschiedenen Schritt vorwärts, und tatsächlich dürfte die Zeit des Aufkommens der neuen Schule im Sinne des Kreuzermannes die schönste Zeit des Segelsports gewesen sein.

Es sei hier nochmals an die schon erwähnte „Minerva" und ihre Gegnerinnen erinnert. Nicht ohne Erfolg versuchte damals England wenigstens einen Teil des durch die „Amerika" verlorenen segelsportlichen Ruhmes zurückzuerobern, und die Boote ließen, wie der Wassersport seinerzeit schrieb, in New-York ein richtiges „40-Fuß-Fieber" einsetzen. Diesen 40-Fußern (d. h. also etwa 12 m in der Wasserlinie), die allerdings eine Wasserverdrängung von 15 bis erheblich über 20 Tonnen besaßen, machte es gar keine Beschwerden, von England aus auf eigenem Kiel zu den amerikanischen Wettfahrten zu segeln.

Es ist dabei recht bedauerlich, daß wir heute nicht ohne weiteres die Möglichkeit haben, festzustellen, wie sich ein modernes 12 m-Boot mit einer solchen Reise abfinden würde. Es würde sie sicherlich auch hinter sich bringen, es würde aber einmal auf der Reise kaum im Durchschnitt schneller sein, und nächstdem stehen wir im allgemeinen trotz der Möglichkeit solcher Reise heute auf dem Standpunkt, daß Boote so bescheidener Größe für derartige Fahrten nicht gebaut sind, daß sie aber zum mindesten nichts für Rennboote sind, und der betreffende Eigner würde sich sicherlich bedanken, und es mit Recht nicht mit dem Renntrimm seines Bootes für vereinbar halten, wenn man ihm gewissermaßen als Abschluß der Reise eine Anzahl Wettfahrten vorschlagen wollte.

Bei alledem wird sich natürlich umgekehrt nicht bestreiten lassen, daß im Gegenteil der alte brave 40-Fußer, dessen Renntrimm solche Tour durchaus nicht genierte, unseren eigentlichen Rennjachten gleicher Größe auf ihrem eigenen Revier kaum gewachsen sein dürfte. Das große Deplacement und das verhältnismäßig mächtige Unterwasserschiff werden das Boot noch in einem Seegang stetig vorwärts gehen lassen, in dem der Moderne längst Sorge um seine Nase hat, sie sind natürlich aber auf dem verhältnismäßig immer ruhigen Wasser des Regattareviers keine Vorzüge.

Es ist dabei durchaus irrig, in dieser Entwicklung der Rennjacht (abgesehen von ihren sich meist selbst bestrafenden Verirrungen) etwas unnatürliches oder auch nur gekünsteltes zu sehen. Eine Jacht, die Rennen segeln und gewinnen soll, muß ganz selbstverständlich versuchen, unter Berücksichtigung der Verhältnisse, unter denen sie meist arbeiten muß, das Maximum überhaupt zu erzielender Schnelligkeit zu erreichen. Die Verhältnisse, auf die Rücksichten zu nehmen sind, werden einmal durch das geltende Meßverfahren in erster Linie, dann aber dadurch bestimmt, daß Wettfahrten nur selten Tage finden, an denen der Seegang hart genug sein wird, um besonders bei größeren Booten eine allzu wichtige Rolle zu spielen.

Neben den Formen des Bootskörpers spielt aber auch die Besegelung eine sehr viel größere und wichtigere Rolle für die Gestaltung eines Fahrzeuges zum wirklichen Kreuzer als die meisten Segler (und keineswegs nur Anfänger) sich träumen lassen, es ist dies aber ein Thema, das weiterhin gesondert behandelt werden wird. Als Abschluß dieses historischen Abschnitts unseres Buches sei noch einiger berühmter Jachten der älteren Zeit gedacht.

Es ist das wohl kaum möglich und denkbar, ohne an erster Stelle vor allen Dingen der weltberühmten „Amerika" wenigstens kurz zu gedenken, und es gehört diese Erinnerung umso eher hierher, als der Steersche Schoner zwar der unmittelbare Anlaß einer Entwicklung, die in gerader Linie zum heutigen Rennboot und damit logischerweise zur Scheidung zwischen Renner und Kreuzer führt, selbst aber alles eher als ein Renner war. Die Jacht war im wesentlichen bestimmt, aus Anlaß der damals in Paris stattfindenden Weltausstellung den Stand des amerikanischen Jachtbaues in Europa zu zeigen; und daß sie in England Gegner für ein Rennen suchte, entsprang einfach der privaten, sportlichen Kampflust ihrer Eigener und wird jedem Segler verständlich sein.

Von den Folgen dieses Kampfes hat sich damals niemand ein auch nur annähernd richtiges Bild gemacht. Der bekanntlich in einfach überwältigendem Stil erfolgende Sieg der unbekannten Schonerjacht in jenem Rennen um die Insel Wight im August 1851 (die „Amerika" beendete das Rennen in 10 Stunden 37 Minuten und erst fast eine halbe Stunde später ging der beste englische Kutter, die „Aurora" durch das Ziel) wirkte geradezu verblüffend auf die britischen Segler, die bis dahin eine unbestrittene, und im gewissen Sinne auch tatsächlich kaum bestreitbare Hegemonie auf diesem Gebiet als etwas eigentlich Selbstverständliches für sich beansprucht hatten. Ihre Verblüffung wäre wohl noch bedeutend größer gewesen, wenn sie gewußt hätten, daß die Amerikanerin nicht einmal das war, wofür sie vielfach auch später noch in Europa gehalten worden ist: die schnellste Jacht unter den Sternen und

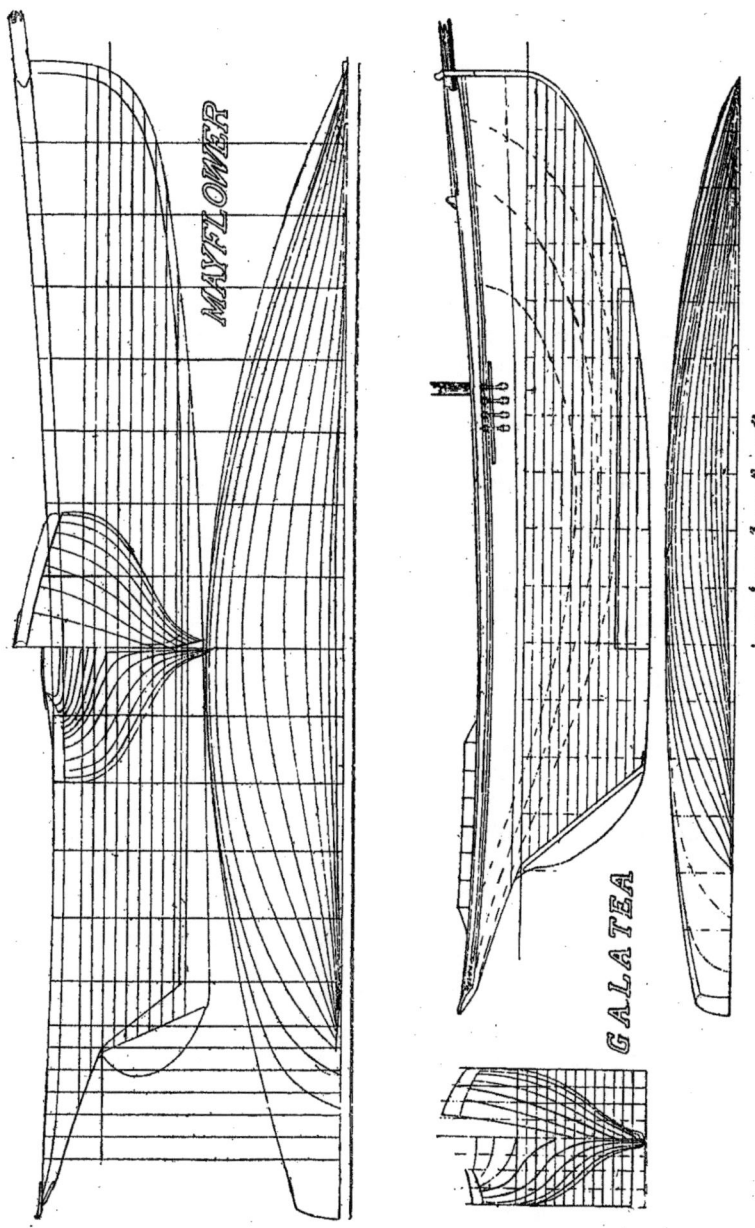

Abb. 7. „Mayflower" und „Galatea". Die beiden Pokal-Kämpfer aus dem Jahre 1886.

Streifen. Der bewunderte Schoner ist u. a. von der berühmten, riesigen Schwert-Slup „Maria" wiederholt in blendender Form geschlagen worden. Trotzdem bleibt ein wesentlicher Teil des Stolzes der amerikanischen Segler mit dem Namen dieses Schoners verknüpft, und es war nur folgerichtig, wenn man ihn im Jahre 1921 dem Museum der Marineakademie in Annapolis überwies, wo er eine ähnliche Rolle spielt, wie in England die alte „Victory" und andere ihrer Art.

Bei der Bedeutung des Begriffes „Sport" für England ist es wohl nur selbstverständlich, daß es die bedeutendsten englischen Segler geradezu als eine nationale Ehrenpflicht betrachteten, den Pokal zurückzuerobern, sobald einmal der englische Jachtbau sich auf die neue Lage eingestellt hatte, und mit dem Jahre 1870 begann die lange Reihe jener großen Kämpfe, die bis zur Stunde für England ohne Erfolg geblieben sind. Es ist für viele Segler vielleicht von Interesse, wenn wir nachstehend zusammengefaßt die jeweiligen Namen der Kämpfer mit den berechneten Zeiten der ersten Wettfahrten bis auf „Shamrock II" wiedergeben:

1870:	„Magic"	— „Cambria"	3.58.21	4.37.38
1871:	„Columbia"	— „Livonia"	6.19.41	6.45.45
1876:	„Madeleine"	— „Countess of Dufferin"	3.07.41 $\tfrac{3}{4}$	3.18.15 $\tfrac{1}{2}$
1881:	„Mieschief"	— „Atlanta"	4.17.09	4.48.24 $\tfrac{1}{2}$
1885:	„Puritan"	— „Genesta"	6.06.05	6.22.52
1886:	„Mayflower"	— „Galatea"	5.26.04	5.38.43
1887:	„Volunteer"	— „Thistle"	5.42.56 $\tfrac{1}{2}$	5.54.45
1893:	„Vigilant"	— „Valkyrie II"	4.05.47	4.11.35
1895:	„Defender"	— „Valkyrie III"	3.55.56	3.55.09
1899:	„Columbia"	— „Shamrock I"	4.53.53	5.04.01
1901:	„Columbia"	— „Shamrock III"	4.30.24	4.31.44

Die letzten Kämpfe dürften auch allgemeiner bekannt sein und können hier füglich außer Betracht bleiben. Ebenso ist bekannt, daß auch sie an dem Stande der Dinge nichts geändert haben, — ein einziges Mal war es überhaupt einer englischen Jacht möglich, um Sekunden vor ihrer Gegnerin durch das Ziel zu gehen (was ihr übrigens noch keineswegs den Sieg eingetragen hätte)' und hier mußte sie Rechtens disqualifiziert werden! Ein Gesamtergebnis, das zweifellos erstaunlich erscheinen muß.

Bis herauf zu „Thistle" (dem späteren ersten „Meteor") kann man dabei wohl dem englischen Jachtbau die Schuld an dem Mißlingen der Versuche restlos zuschreiben.

Wie die „Amerika" selbst, waren bis dahin die Pokalkämpfer bei ihrer absoluten Größe in so hohem Grade auch Seeschiffe, daß die Reise des Engländers keine Rolle spielen konnte, und es bleibt wohl also lediglich die Tatsache übrig, daß man drüben, von Traditionen in keiner Richtung gehemmt, kühner und glücklicher in der Wahl der Linien war als in England, wo man sich schließlich doch nur langsam von dem frei machen konnte, was überlieferungsgemäß nun einmal für die Formgebung einer Jacht maßgebend war.

Von den 90er Jahren ab aber ist der Pokalkampf offenbar nicht mehr das, was er war, und man wird zugeben müssen, daß der englische Konstrukteur dabei von vornherein im Nachteil war.

Die Konstruktionsprinzipien sind heute wohl die gleichen für beide Teile geworden. Das will besagen, daß beide Fahrzeuge hochempfindliche Rennmaschinen sind, denen man normalerweise eine Ozeanreise kaum zumuten würde, und man müßte in England heute tatsächlich (was zweifellos außerordentlich schwierig ist) etwas ganz Neuartiges schaffen, um diesen Vorteil der Gegenseite auszugleichen. Diese Aufgabe sollte mit dem neuesten „Shamrock" gelöst werden. Es hat sich gezeigt, daß auch diesmal, trotzdem die Jacht mit ihren rund 1000 Quadratmetern Segelfläche und ihrer eigenartigen Rumpfform eine Sensation in ihrer Art darstellte, und tatsächlich die Probefahrten einwandfrei ergaben, daß sie ein verblüffend schnelles und leistungsfähiges Boot sei, wieder der Versuch vergeblich war, den Amerikanern die heißumstrittene Trophäe zu entreißen, und sie dürfte damit praktisch ihre Rolle ausgespielt haben.

Es ist wirklich kaum denkbar, daß ein fünfter „Shamrock" viel und anderes mehr als eine Kopie des vierten sein könnte, denn schon jener war — wie es auch gar nicht anders möglich ist — das Extrem einer Entwicklungsreihe von Gedanken, die sich in kleineren Booten offenbar durchaus bewährt haben. Nebenbei gesagt, „klein" ist dabei stark relativ aufzufassen, denn die Fahrzeuge gingen bekanntlich bis zur 23 m-Klasse hinauf. Nächstdem aber zeugt ebenso die unverkennbare Tatsache, daß man auch im Rennsegelsport neue Wege sucht, dafür, daß hier in der Tat eine Entwicklungsreihe abgeschlossen ist.

Von den nach der „Amerika" gebauten Schonerjachten jener Zeit verdient hier wohl mit in erster Linie die „Sappho" Erwähnung, die nicht nur an sich ein ausgezeichnetes Schiff und ein auf langen Reisen bewährter Kreuzer war, sondern auch schiffbautechnisch einen gewaltigen Fortschritt bedeutete. Die Fachpresse jener

Zeit rühmt ihr Geschwindigkeitsleistungen von 16 Seemeilen (?) und eine größte Tagesleistung von 318 Meilen nach. Der 232 Tonnen große Schoner, der allein in seinen Untersegeln über nahezu 1000 qm Fläche verfügte, war u. a. an jener ersten Ozeanwettfahrt Amerika—Europa beteiligt, die als ein Privatmatch von den Eignern einiger derartiger Jachten gelegentlich eines kleinen Diners an Bord gewissermaßen improvisiert wurde. — Auch ein Beweis, daß man sich damals nicht viel mit Kleinigkeiten aufhielt. Im übrigen hat der Erfolg der „Amerika" aber auch in England, wo man im Segelsport damals sonst den Kutter geradezu als Nationaltyp betrachtete, eine erhebliche Anzahl großer Schoner entstehen lassen, deren Bester wohl „Alarm" gewesen sein dürfte. Erst gegen das Ende der 70er Jahre gewann der in seinen Formen allerdings wesentlich geänderte Kutter die Oberherrschaft zurück.

Als Rekordleistungen der Kreuzersegelei sind hier schließlich die zahlreichen, ausgedehnten Ozeanreisen in kleinen Jachten zu erwähnen, die von Zeit zu Zeit noch immer eine Wiederholung erleben.

Zu überbieten ist das hier bereits Geleistete allerdings kaum, seit Slocum in der kleinen und noch dazu reichlich bejahrten Jawl „Spray" eine vollständige Erdumsegelung, und zwar noch dazu nur in Begleitung eines Hundes, ausgeführt hat.

Josua Slocum war kein Sportsmann. Als Kapitän, der Unglück gehabt hatte, war er auf die Idee gekommen, auf diese Weise Geld zu verdienen, und es läßt sich denken, daß er bei geschickter Reklame auch wirklich eine ganze Menge zahlende Bewunderer gefunden hat. Ähnliche Motive veranlaßten später zwei Amerikaner, mit einem normalen Rettungsboot, dem sie eine vollständige Vollschiffstakelage gegeben hatten, den Atlantik zu überqueren. Es folgte Herr Thomas Fleming-Day, der Herausgeber der amerikanischen Zeitschrift „The Rudder", der die Sache gleich zweimal machte, mit der kleinen Motorjacht „Detroit" und der noch kleineren Jawl mit Hilfsmotor „Sea-Bird", und in jüngster Zeit schließlich hat auch der deutsche Segelsport mit der von ihren Führern selbst erbauten Jacht „Sowitasgoth" sich an diesem Problem mit Erfolg versucht.

Daß die Sache geht, ist auf diese Weise auch für Zweifler wohl unwiderleglich bewiesen, und für den Seemann bedeutet dies auch keineswegs eine Überraschung. Vier und sechs Wochen — zuletzt ohne Proviant und Wasser, in einem übervoll besetzten und bis an den Dollbord im Wasser liegenden, offenen Schiffsboot schwalken — etwas, was mancher Berufsseemann aus eigener Erfahrung kennt — ist sicher schlimmer als manche dieser Sportreisen. Es ist wirklich nur einmal passiert (und die hier gegebene Liste ist bei weitem nicht vollständig), daß ein solches Unternehmen ein schlechtes Ende nahm, es kann also lediglich damit bewiesen werden, daß der oder die betreffenden Herren über einen gewissen Überschuß an Kraft und Abenteuerlust verfügen, den sie auf diesem, wie man sieht, auch „nicht mehr ungewöhnlichem" Wege los werden wollen.

Darüber hinaus ist das Ganze aber zweifellos von einem gewissen sportlichen Interesse für den Eigner einer kleinen Kreuzerjacht insofern, als er in diesen Leistungen (und das ist letzten Endes die Bedeutung des Rekords im Sport überhaupt) den Maßstab für die eigenen Fahrten findet. Allerdings soll man verstehen, diese Berichte zu lesen. — Schlimmstenfalls, wenn „Blasius", wie der deutsche Seemann sagt, es gar zu gut meint, vor einen guten Treibanker gelegt, befindet sich eine Jacht von 8 oder 12 m Länge auf den Riesenwogen des offenen Atlantik kaum in schlechterer Lage als etwa ein Kork in einer Waschschüssel. Das will sagen: sie kann der See keinen Widerstand entgegensetzen und bietet gerade deshalb ihrerseits auch keine Angriffsfläche. Nicht nur aber soll, wer derartige Reisen in die offene See unternehmen will, auch wirklich beurteilen können, ob und wann es Zeit ist, mit dem „Segeln" aufzuhören u. a. m., sondern er soll sich auch vor allen Dingen darüber klar sein, daß ein tagelanger Schlechtwettertörn für die Besatzung eines kleinen Bootes eine körperliche Strapaze bedeutet, der nicht jedermann gewachsen ist. Naturgemäß besonders auch schon insofern eine Gefahr, als die Besatzung wohl immer so klein sein wird, daß sie einen Ausfall kaum verträgt. —

Immerhin gibt die Geschichte der Kreuzersegelei auch abgesehen von derartigen Rekordfahrten Beispiele genug dafür, daß ein tüchtiges Boot in guter Hand auch mehr wagen darf, als die bei uns noch überwiegend herrschende Ostseereise, und es sei hier abschließend in dieser Beziehung der kleinen englischen Ketsch „Maud" gedacht, die auf diesem Gebiet schöne Leistungen zu verzeichnen hat. Mit ihren rund 10 m Wasserlinienlänge hat das Boot lange Turenfahrten um England herum geleistet, ohne andere Besatzung als — — den Eigner und seine Frau! — Mit einer Besatzung von 3 Mann an Bord, davon 2 Herrensegler, hat sie wiederholt die Fahrt nach den Azoren gemacht. — —

Es liegt der Gedanke nahe, daß es eine ganze Menge Rennsegler, die das Tun des reinen Kreuzermannes mit Vorliebe als, wie unsere ostpreußischen Landsleute so schön sagen: „Kahnchenfahren" bezeichnen, gibt, denen eine solche Fahrt in einem Boot von 10 m Länge in der W. L. (das ist weniger als die ganze Länge einer 6 m-R-Jacht!) doch etwas weniger sympathisch sein würde als eine Bojendrängelei. Noch dazu mit so knapper Besatzung. In jedem Fall aber sollten diese Herren anerkennen, daß auch das „Sport" ist! —

Abb. 8. Salonecke Typ „Talisman".

II. Das moderne Klassenboot als Kreuzer.

Die Frage, ob und inwieweit das moderne Klassenboot wirklich, d. h. auch vom Standpunkt des Wanderseglers aus Anspruch auf die Bezeichnung „Kreuzer" machen kann, ist kaum zu beantworten, ohne auf der einen oder der anderen Seite auf Widerspruch zu stoßen. An erster Stelle stehen hier die „Nationalen" Kreuzer. Die Boote sind bekanntlich, nachdem die Erzeugnisse der internationalen R-Formel eine Enttäuschung gebracht hatten, als Ersatz für die älteren, außerordentlich beliebten S. L.-Kreuzer geschaffen worden, und es steht zunächst wohl fest, daß die Ansicht der Mehrzahl der für sie in Betracht kommenden Interessenten dahin geht, hier Boote zu haben, die den ehemaligen Segellängenkreuzern nichts nachgeben. — Diese Herren werden eben auf alle Bedenken des Nur-Kreuzerseglers einfach die Achseln zucken und, mehr oder minder verblümt, sagen, es sei doch auch für den Wandersegler erwünscht, ein modernes und „schnelles" Boot zu haben.

Das trifft sicher zu, und es ist auch ohne weiteres anzuerkennen, daß eben diese Klassenboote der lebendige Beweis dafür sind, daß man an den leitenden Stellen der großen Sportverbände (der Segler-Bund ist dem D. S. V. bekanntlich auf dies Gebiet gefolgt) durchaus das Bedürfnis hat, dem Kreuzermann entgegenzukommen. Immer freilich — was an sich durchaus verständlich ist — unter Vermeidung der Klippe des alten Handikaps, und damit unter Ausschaltung nicht nur des Nichts-als-Kreuzers, sondern (das darf nicht übersehen werden!) praktisch auch des älteren Bootes.

Es bliebe zu untersuchen, ob und inwieweit das moderne Klassenboot seinem Vorbilde, also dem S. L.-Kreuzer gleicher Größe, wirklich ebenbürtig ist. Seine Freunde rühmen ihm sogar eine gewisse Überlegenheit nach, und man kann das um so eher als „gerichtsnotorisch" unterstellen, als es von dem hier zu vertretenden Standpunkt aus darauf gar nicht ankommt. — In Wirklichkeit nämlich kann man auf die alten Segellängenboote in jeder Hinsicht das bekannte Wort anwenden, nach dem „als Jüngling stirbt, wen die Götter lieben". Sie verdanken ihre heut noch unstreitig vorhandene Beliebtheit unbedingt zu erheblichem Teil der Tatsache, daß sie als Renner infolge der fehlenden, scharfen internationalen Konkurrenz nie bis zum möglichen Extrem entwickelt wurden, während man auf der anderen Seite an den Kreuzer damals längst nicht die Ansprüche stellte wie heut und die Dinge nahm, wie sie eben waren. — Nebenbei bemerkt: Wer an solchem Einfluß internationaler Konkurrenz Zweifel hegt, der betrachte sich einmal die alten, guten Sonderklassenboote vor und nach den deutsch-amerikanischen Wettfahrten! Dabei waren sie vor diesen Kämpfen unserer Ansicht nach bereits „längst so weit entwickelt", daß sie kein Interesse mehr für den Sport besitzen sollten. —

Daß auf der anderen Seite die — als „Renn"-Kreuzer ausgezeichneten — Klassenboote dem Wandersegler nicht genügen und nicht genügen können, liegt in der Natur der Sache. Dem Sinne nach bleibt es doch schließlich gleichgültig, ob ich eine Meßformel — wie bei den S. L.- und R-Booten — oder, wie jetzt bei unseren nationalen Klassenkreuzern, Baubestimmungen anwende. — Der Konstrukteur, der für seine Bauten Erfolge zwischen den Flaggen haben will und muß, wird beide Male im besten Fall das Mindestmaß von dem an Kreuzer-,,Konzessionen" machen, was möglich ist. Vielleicht engen ihn Baubestimmungen etwas mehr ein als die Formel, deren allerletzte Konsequenzen auch ihre Schöpfer wohl nicht immer übersehen, das wird die Entwicklung verlangsamen, vielleicht auch dazu beitragen, den einzelnen Fahrzeugen eine längere Rennfähigkeit zu gewährleisten, ändert aber nichts an der Tatsache, daß das Resultat immer ein auf Rennsegeln zugeschnittenes, mit dem Mindestmaß dessen, was dem Gesetzgeber für die Verleihung des Kreuzercharakters unumgänglich erschien, ausgestattetes Boot sein wird.

Es ist leicht zu beweisen, daß dies für die Wandersegler nicht genug sein kann. Auch ohne allzu große Wünsche, lediglich in bezug auf die Einrichtung. Hier von dem, der auch Rennen bestreiten will, den Verzicht auf kleine Bequemlichkeiten zu fordern, ist berechtigt. Eine Regatta ist eben keine Turenfahrt und wird schon immer auch anderes Segeln verlangen als die letztere. Man braucht aber nur darauf hinzuweisen, daß die reinen Kreuzer nicht nur — was, wie gesagt, nebensächlicher wäre — ein erhebliches Plus an Einrichtung tragen, als die gleich großen „Nationalen", sondern daß sie vor allen Dingen ganz wesentlich mehr Rücksicht auf die Beanspruchung durch die See nehmen als die Rennkreuzer. Ein reiner Kreuzer, von der Größe eines 45ers, kann ein Seeboot sein, das kein Wetter auf der See zu scheuen braucht, und ist es auch. Der 45er selbst kann zunächst sicher mehr aushalten, als ihm seine Schöpfer bewilligen wollen. Auf die Dauer wird er aber doch gut tun, seine Fahrtgrenzen zu beachten.

Es wäre falsch, in diesen Darlegungen eine Kritik an den Klassenbooten erblicken zu wollen. Falsch schon aus dem einfachen Grunde, weil es, wie schon gesagt, für die vorliegenden Ausführungen praktisch gar nicht darauf ankommen kann, ob einige Zentimeter Fußbodenbreite mehr hier oder da wünschenswert gewesen wären oder nicht. Es ist eben kaum möglich, einen wirklichen Kreuzer zu einem Boot zu machen, das unter den heute geltenden Verhältnissen auch regelrecht Regatten segeln kann, ohne Kompromisse zu schließen. Schließlich, wenn man so will, ist ja auch das Handikap ein Kompromiß. —

Im wesentlichen wohl dem Wunsch nach einer Anbahnung neuer seglerischer Beziehungen zu Schweden entsprang dann die Aufnahme der sogenannten Schären-Kreuzer in den Rahmen des deutschen Sports. Die an sich zweifellos ebenso interessanten wie eigenartigen Boote spielen zurzeit bekanntlich eine Rolle von nicht zu unterschätzender Bedeutung auf unseren Wettfahrtbahnen. Um so bemerkenswerter erscheint die Tatsache, daß heute auch die offizielle Fachpresse stark von ihnen abrückt.

Soweit das im Hinblick auf ihre Kreuzereigenschaften geschieht, ist wohl höchstens festzustellen, daß diese Opposition stark verspätet kommt. Kreuzer in dem Sinne, wie der Freund dieser Bootsgattung das Wort aufgefaßt wissen will, sind die Fahrzeuge doch nie gewesen und können es auch nie werden. Was natürlich nichts gegen ihre Qualitäten zwischen den Flaggen und nichts auch gegen ihre Eignung für die besonderen seglerischen Verhältnisse, für die sie geschaffen wurden, besagen will. — Im Gegenteil: Gerade der Schärenkreuzer ist vielleicht der beste Beweis für die oben ausgesprochene Behauptung, daß es Kreuzer, die auch Rennboote sind, nicht oder, richtiger vielleicht, nicht mehr geben kann und gibt.

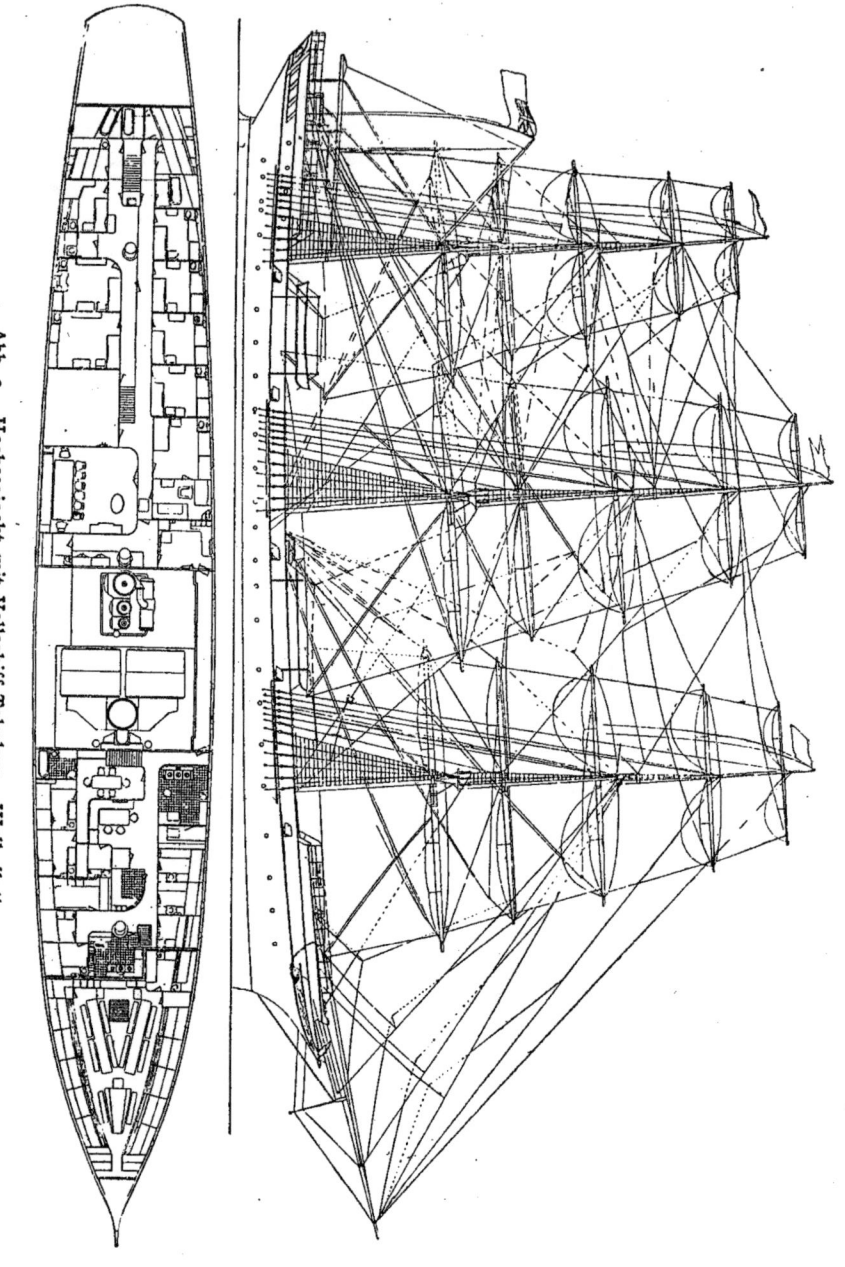

Abb. 9. Hochseejacht mit Vollschiff-Takelage „Walhalla".

Ist nun aber unter diesen Verhältnissen eine Wettfahrtbetätigung des reinen Wanderbootes, denn darauf läuft die Sache in jedem Falle hinaus, überhaupt erwünscht und nötig? —

Der Begriff Kreuzer-Wettfahrt bedeutet dem Rennsegler unserer Tage eigentlich wohl einen Widerspruch in sich selbst, und der wirklich objektive Beobachter wird ihm das auch keineswegs verübeln. Vor allem nicht dem, der hier als Beamter funktionieren soll, denn — — hinter der Kreuzerwettfahrt steht das Handikap!

Dem Ärger über das Handikap verdankt dabei ganz ohne Frage der moderne Segelsport seine ganze Gestaltung. — Daher die Meßformeln, die, das mögen sich ihre Kritiker gesagt sein lassen, eine kaum glaubliche Fülle geistiger Arbeit in sich bergen, und daher schließlich doch auch der Kreuzer vom Standpunkt des Rennseglers aus: Das Klassenboot, mit dem der Wandersegler nun aber ebensowenig zufrieden ist und, wie dargelegt wurde, auch nicht zufrieden sein kann.

Daß das Handikap vom sportlichen Standpunkt aus nicht gerade etwas sehr Schönes ist, wird kein Einsichtiger bestreiten wollen und können, und seine Gegner in unseren Vereinen und Verbänden haben vollständig recht, wenn sie sich gegen sein Wiedereindringen in die eigentliche Rennsegelei mit aller Energie sträuben. Daneben aber ist zweierlei heute wohl nicht mehr zu verkennen:

1. Der Neubau reiner Kreuzerjachten hat einen Umfang angenommen, den man noch vor kurzem nicht für möglich gehalten hätte. **Die Fahrzeuge dieser Art werden also in Zukunft einen so beträchtlichen Teil der Jachtflotte bilden, daß einfach mit ihnen gerechnet werden muß.**

2. Der Drang nach **sportlicher Betätigung** in den Kreisen der Wandersegler ist unleugbar vorhanden, und es ist ihm nur Rechnung zu tragen, indem man den Booten Betätigungsmöglichkeiten schafft.

Der Verfasser darf für sich in Anspruch nehmen, diese Anschauungen und die aus ihnen sich ergebenden Konsequenzen schon vor dem Kriege in der Fachpresse vertreten zu haben, er ist dann, als auf dem 22. Seglertage im Jahre 1916 auch aus Seglerkreisen der Wunsch nach wirklichen See-Wettfahrten (und diese allein kommen für den Kreuzer in Betracht) geäußert wurde, auch mit sehr eingehenden Vorschlägen an die Öffentlichkeit getreten.

Im Augenblick nun, da dies geschrieben wird, steht diese ganze Angelegenheit im Vordergrunde des Interesses. — Wir haben die Seewettfahrt, wenngleich sie sich in bezug auf den gewählten Kurs als eine Küstenfahrt darstellt, und noch längst auch sportlich nicht das gefordert hat, was sie im eigenen Interesse vielleicht hätte fordern sollen.

Der von mir damals angeregte Kurs für eine solche Veranstaltung dürfte unter solchen Umständen gerade für den Leser des vorliegenden Werkes von einigem Interesse sein. Es handelt sich dabei um eine Bahn, die möglichst den Booten aller Größen gleichzeitig die Möglichkeit einer Betätigung sichern sollte, und die entsprechend verschieden hohe Anforderungen nicht nur an das Bootsmaterial, sondern auch an die Führung stellt: um eine Fahrt Warnemünde — Swinemünde auf 3 Kursen, Küstenfahrt, Kurs um Rügen und Kurs um Bornholm.

Will man den Gedanken noch etwas weiter ausspinnen, so ergeben sich gerade hier Möglichkeiten auch für eine internationale Gestaltung, die insofern von Bedeutung sein dürfte, als besonders die Verbindung mit Schweden, deren erstes Glied der Schärenkreuzer ist, zweifellos für uns von Wichtigkeit ist.

Was nun die Wertung auf solchen Wettfahrten angeht, so wird man naturgemäß um das Handikap nicht herumkommen. Wem das gegen den Strich geht, der hat ohne Frage recht, soweit er an den eigentlichen Rennsegelsport denkt. Daß aus ihm die Vergütungsarbeit entfernt wurde, ist technisch wie sportlich ganz sicher ein klarer und gesunder Fortschritt. Man sollte aber doch auch daran denken, daß England, dessen Segelsport eine gewiß breite und reiche Grundlage besitzt, trotz seiner Zugehörigkeit zur J. Y. R. U., sich nie davon hat abhalten lassen, seine zahlreichen alten Kreuzer neben den Klassenrennen in Handikaps zu beschäftigen! — Die Herren wußten dabei ganz genau, warum sie das taten; und es wird wesentlich zur Hebung unseres Sportes auf See beitragen, wenn wir in Zukunft die gleichen Wege wandeln.

Im übrigen aber — und das dürfte das entscheidende Moment sein — wird man sich früher oder später zu dieser Promenade einfach gezwungen sehen, und vom allgemein seglerischen Standpunkt aus erscheint das auch in jeder Hinsicht begrüßenswert. Allerdings ist ein „Haken" dabei: Es erscheint bei einer Ausgestaltung der Kreuzer-Wettfahrten keineswegs ausgeschlossen, daß, nach dem Gesetz des ewigen Kreislaufes, tüchtige Leute „Kreuzer" für die Wettfahrten bauen lassen. —

Schon aus diesem Grunde wird das Handikap für immer das beste und einfachste Mittel sein, Auswüchsen zu begegnen, und der Wandersegler, der heut für die Betätigungsmöglichkeit auf Wettfahrten eintritt, darf nicht vergessen, daß damit auch eine gewisse Gefahr verbunden ist. — — „Im Anfang war der Kreuzer", — der „reine" Fahrtenkreuzer, den wir auch heute wieder in großer Zahl unter der Flagge haben. Aus ihm hat sich — das sollte nicht vergessen werden — das Rennboot von heute entwickelt, — durch die Wettfahrten. — —

Abb. 10. Kreuzerjacht „Jungborn",
erbaut von Abeking & Rasmussen; Damenkabine.

III. Reine Kreuzer unserer Zeit.
1. Große Jachten.

Die große Hochseejacht hat für die überwältigende Mehrheit auch der Segler, zum mindesten bei uns in Deutschland, aus leicht begreiflichen Gründen nur ein sehr theoretisches Interesse. — Es gehört leider ein Geldbeutel von einem Umfange, der die Vorstellungskraft normaler Menschen übersteigt, dazu, es auch praktisch zu betätigen, aber vorhanden ist dies Interesse an sich bei fast allen Menschen, die je mit dem Wasser in Berührung kamen.

Genau genommen handelt es sich bei der Hochseejacht um einen rein theoretisch ziemlich schwer zu umgrenzenden Begriff, den man eigentlich nur dahin festlegen kann, daß man eine gewisse, ziemlich beträchtliche Größe des Schiffes, eine Größe, deren untere Grenze etwa bei rund 100 Tonnen liegen dürfte, als wichtigstes Kennzeichen annimmt. Daß das bloße Vermögen, auch längere Zeit die See zu halten und selbst Ozeanreisen zu unternehmen (bei völliger Sicherheit natürlich, soweit man davon überhaupt sprechen kann), schon sehr erheblich kleineren Fahrzeugen eignet, ist selbstverständlich. Hier aber handelt es sich um Schiffe, die ein auch den verwöhntesten Ansprüchen an Bequemlichkeit genügendes, schwimmendes Heim von praktisch nahezu unbegrenztem Fahrbereich bieten sollen und deren größte Vertreter bis auf über 2000 Tonnen hinaufgehen.

Immerhin hat es auch unter deutscher Flagge Jachten gegeben, die man, selbst wenn sie nicht ganz an die hier angenommene

Tafel IIa.

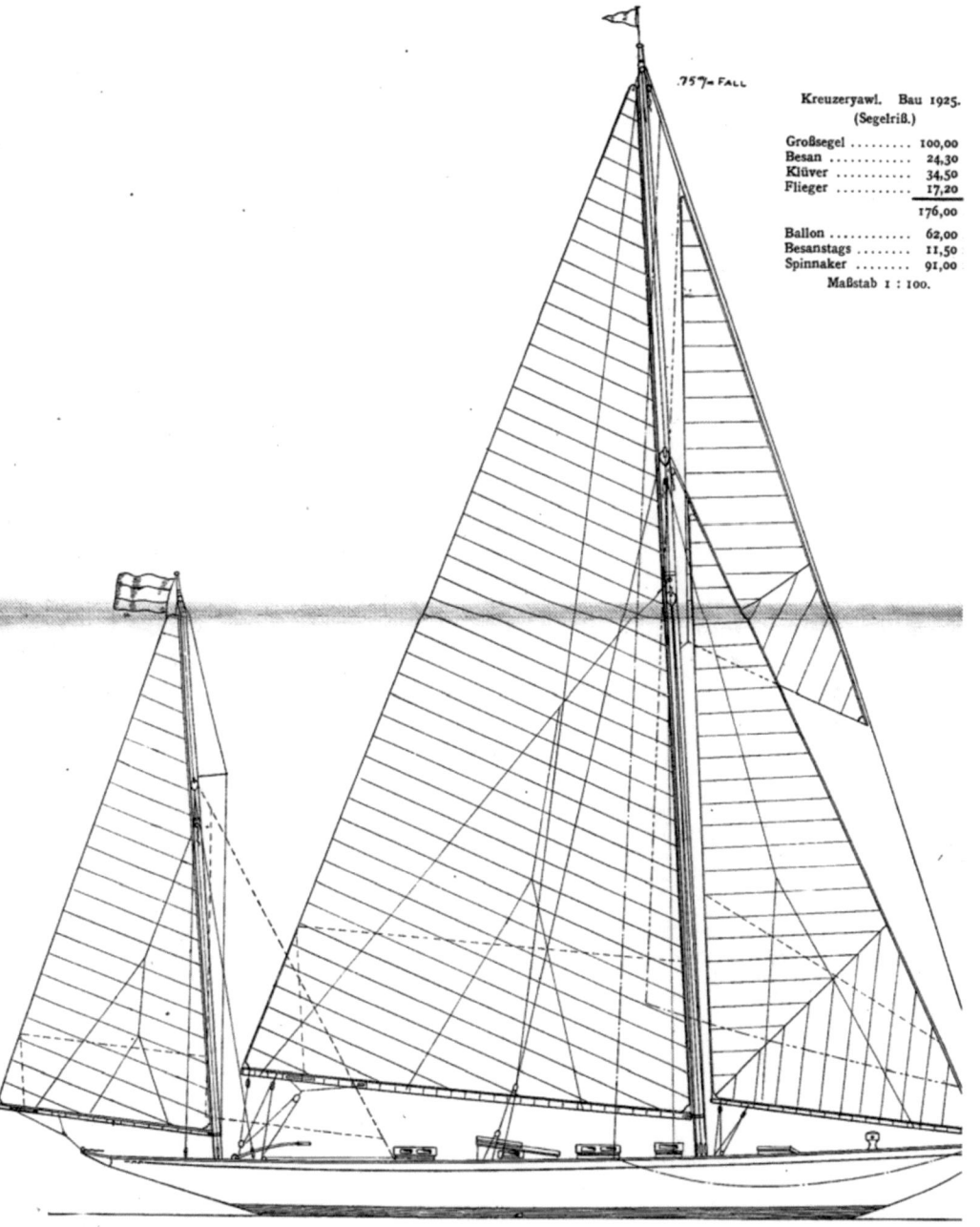

176 qm-Yawl.
Bauwerft: Abeking & Rasmussen, Lemwerder. Konstrukteur: A. Rasmussen.

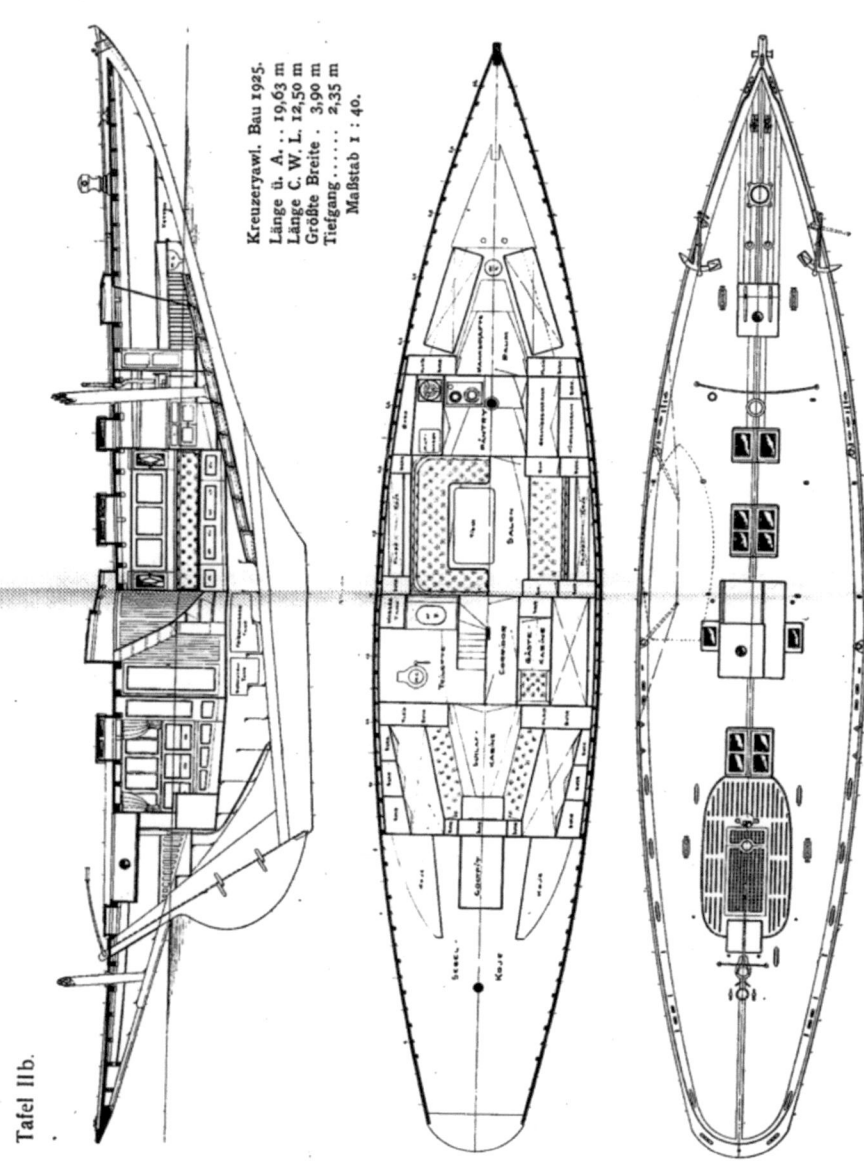

Kreuzeryawl. Bau 1925.
Länge ü. A. ... 19,63 m
Länge C. W. L. 12,50 m
Größte Breite . 3,90 m
Tiefgang ..... 2,35 m
Maßstab 1 : 40.

Tafel IIb.

Größengrenze heranreichen, doch fraglos als Hochseejachten bezeichnen muß, und zwar gehört vor allem der im Jahre 1901 von Max Oertz erbaute Schoner „Wanderer", der — leider — bereits vor Jahren unter die russische Flagge ging, hierher.

Es ist nicht uninteressant, die Maße dieser Jacht, die als reiner Kreuzer, ohne Rücksicht auf ein Meßverfahren gebaut wurde, mit denen einer annähernd gleich großen Rennjacht ihrer Zeit zu vergleichen, und zwar sei hierfür die bekannte Schonerjacht „Susanne" gewählt:

	„Wanderer"	„Susanne"
Länge ü. A. . . .	26,00 m	33,65 m
Länge W. L. . . .	18,18 m	23,29 m
Größte Breite . .	4,92 m	6,03 m
Tiefgang	3,00 m	4,03 m

An Einrichtung ließe sich in der wie ersichtlich erheblich größeren „Susanne" bei Verzicht auf die Renntätigkeit und das dadurch bedingte große Mannschaftslogis etwa dasselbe unterbringen wie im „Wanderer", kaum aber wesentlich mehr. Die Segelfläche von „Wanderer", der im übrigen neben seinen vorzüglichen See-Eigenschaften ein außerordentlich schnelles Boot war, mißt rund 300 qm, gegen eine berechnete Segelfläche (Meßbrief-Maß) von 798,95 qm bei „Susanne".

Der nachträgliche Einbau eines Hilfsmotors wäre natürlich bei beiden Fahrzeugen ohne die geringste Beeinträchtigung der vorhandenen Bequemlichkeiten möglich.

Eine einfache Erwägung ergibt, daß mit einem solchen Schiff tatsächlich — trotz seiner Größe — die unteren Grenzen für eine wirkliche Hochseejacht erreicht sind. Will man mehr als 4 Schlafplätze haben, so wird man bereits zu Aushilfen seine Zuflucht nehmen müssen (Koje im Salon oder dergl.), die bei langen Reisen über See, etwa nur einer Fahrt von oder nach New York, immerhin schon störend wirken werden, wenn man eben den hier gegebenen Maßstab anlegt. Daß der begeisterte Sportsegler sich hier wie im bekannten siebenten Himmel fühlen würde, kommt dabei selbstverständlich nicht in Betracht. Man denke nur an die Möglichkeit einer an sich harmlosen Erkrankung, berücksichtige, daß in selbst so großen Schiffen bei nur einigermaßen hartem Seegang für die Damen an Bord das Deck verbotener Aufenthalt sein muß (eigentlich für jeden Nichtsegler an Bord), und man wird das Gesagte vollauf zu würdigen wissen. Es ist denn doch noch ein Unterschied zwischen einer selbst wochenlangen Ostseereise mit ihrem Fahren von Insel zu Insel oder einem Abstecher von 14 Tagen nach der englischen Küste, und einer Reise, bei der man in mindestens dem gleichen

Vor Swinemünde.

Zeitraum unbedingt auf sein Schiff und den Raum, den es zur Verfügung hat, angewiesen ist.

Tatsächlich liegt hierin allein auch die größte Anstrengung, die eine Ozeanreise in einer kleinen Jacht den Insassen auferlegt. Die wirklichen Gefahren werden demgegenüber von Laien immer überschätzt.

Von wesentlichen größeren Jachten dieser Art seien hier zwei, auch in Deutschland recht gut bekannte Fahrzeuge erwähnt: Die, wie Abb. 9 zeigt, mit Vollschiffs-Takelage ausgerüstete, englische Hochsee-Jacht „Walhalla" von nahezu 1500 Tonnen und die Amerikanerin „Utowana", ein Dreimast-Gaffelschoner von 560 Tonnen Größe. Die Zeichnung gibt vor allem einen guten Begriff von den Einrichtungsmöglichkeiten eines so großen Fahrzeuges, das ungefähr den Gipfel des Erreichbaren und Wünschenswerten darstellen dürfte und einer sehr stattlichen Gesellschaft an Bord alle erdenklichen Bequemlichkeiten selbst für eine Reise um die Erde bietet. Die Vollschifftakelage ist natürlich für ein so großes Schiff in jeder Hinsicht nur angebracht, wenn man auf Segeln einigen Wert legt, und der erhöhte Mannschaftetat kommt einmal bei der Größe des Objektes und den für es aufzuwendenden Kosten nicht wesentlich in Betracht, zum anderen aber muß eine große Jacht schon mit Rücksicht auf die erforderliche Repräsentation eine verhältnismäßig starke Besatzung fahren.

Die „Walhalla" ist in Deutschland vor allem durch ihre (allerdings erfolglose) Beteiligung an der Ozeanwettfahrt um den Pokal des damaligen Kaisers bekannt geworden; Siegerin in diesem berühmten Rennen war bekanntlich die Dreimast-Schonerjacht „Atlantic", die der wohl bedeutendste Jachtführer der Welt, der vor einigen Jahren verstorbene Charly Barr führte.

Was „Utowana" angeht, so erscheint vor allem die Tatsache bemerkenswert, daß das außerordentlich elegante Schiff ein ausgezeichneter Segler ist, der besonders vorzügliche Kreuzereigenschaften aufweist. Die schöne Amerikanerin, die wie „Walhalla" über eine Hilfsmaschine verfügt, ist demzufolge auch mehr als die meisten ähnlichen Jachten unter Segel, selbst wenn es sich nur um kürzere Fahrten handelt. Sie ist übrigens die Gewinnerin eines interessanten Rennens, an dem außer ihr noch

„Walhalla" . . . . 1490 Tonnen
„Sunbeam", der berühmte Dreimast-Topsegelschoner Lord Brasseys . . . . . . 532 „
„Czarina", Topsegelschoner . . . . 564 „
und „Rosabelle" . . . . 439 „
beteiligt waren.

Die Bahn führte über eine Strecke von 320 Meilen und ging von der Insel Wight nach Cherbourg, von dort nach dem Eddystone-Leuchtturm und zurück nach dem Start.

Die „Utowana" beendete das Rennen lediglich durch ihre vorzüglichen Am-Wind-Eigenschaften als weit überlegene Siegerin und lief fast 12 Stunden vor der ersten Konkurrentin durch das Ziel. „Walhalla" und „Sunbeam" hatten den aussichtslosen Kampf aufgegeben.

Auch „Utowana" beteiligte sich bekanntlich an der schon erwähnten Ozeanwettfahrt, konnte hier aber gleichfalls keinen Erfolg erzielen und endete in dem Felde von elf beteiligten Jachten sogar erst an neunter Stelle.

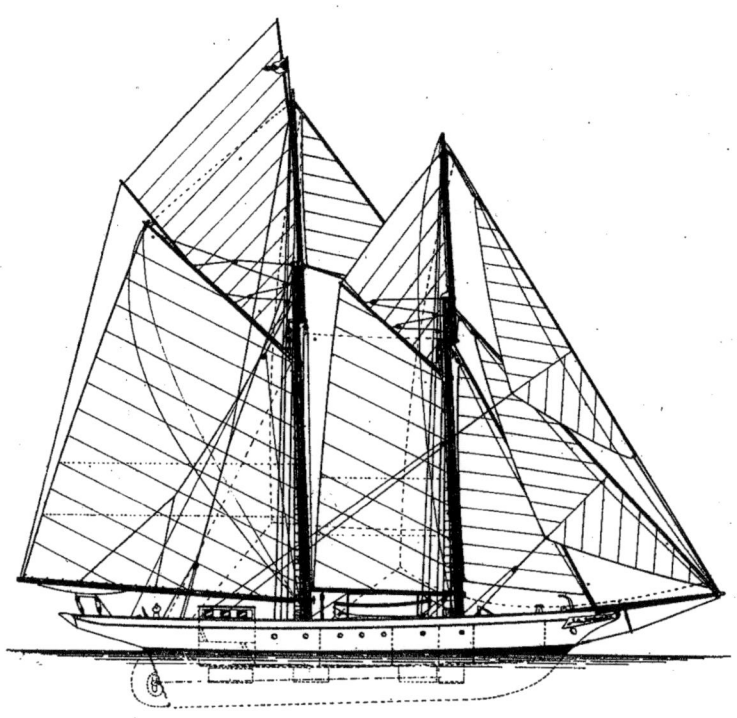

Abb. 11. 30 m Hochsee-Schonerjacht. Seitenansicht und Segelskizze.

Die in Abb. 11 und 12 wiedergegebene Schonerjacht von 30 m Länge ist im wesentlichen als Beispiel für eine relativ kleine, aber gleichfalls besonders als Langfahrt-Jacht gedachte Hochsee-Kreuzer gewählt. Das bedingt kleine, aber alle erforderlichen Behaglichkeiten aufweisende Kabinen — in diesem Fall für 5 Personen außer dem Eigner und seiner Frau —, einen Salon ohne Schlafplatz, in dem man sich bewegen kann, und ein Deckshaus.

Die Bedeutung des letzteren wird bei uns teils unter-, teils überschätzt. Nach Ansicht des Verfassers gehört es in eine Jacht unter rund 20 m Länge in keinem Fall. Es stört hier durch seine Beanspruchung an Deckraum mehr, als es bei den notwendigerweise doch sehr bescheidenen Abmessungen nützt, und wird zur Spielerei. Um so mehr trägt es auf größeren Fahrzeugen dazu bei, ein Behagen zu schaffen, das man eigentlich nur mit dem nicht ganz übersetzbaren Wort Comfort bezeichnen kann, und gehört damit entschieden zur wirklichen Hochsee-Jacht. —

Als Hochsee-Jacht ist schließlich mindestens für unsere deutschen Verhältnisse auch die auf Tafel II wiedergegebene Ketsch von 50 T. M. zu bezeichnen. Ein Boot ganz nach dem Herzen des Kreuzermannes; aber auch dies noch leider für die Mehrzahl nur ein schöner Traum.

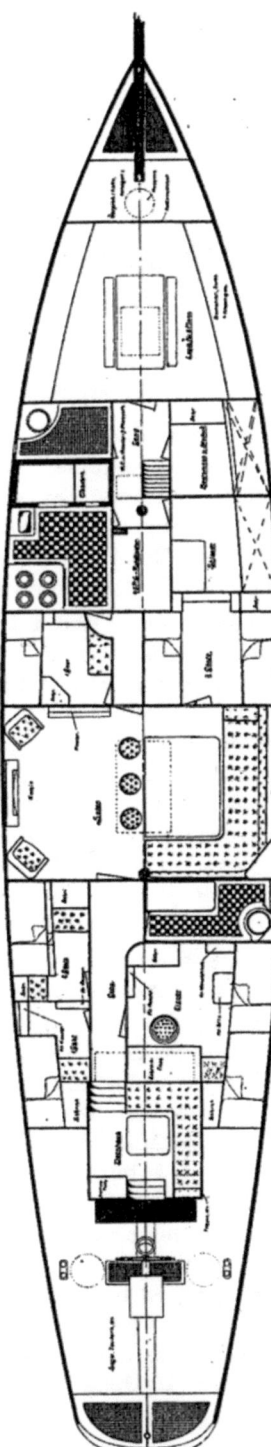

Abb. 12. 30 m Hochsee-Schonerjacht. Einrichtungsplan.

2. Mittlere Kreuzerjachten.

Die untere Größengrenze für mittlere Kreuzerjachten wird man bei uns im allgemeinen mit einer Länge von etwa 15 m über Deck ansetzen können. Es stehen in der Tat schon eine ganze Anzahl von Jachten auch unter der deutschen Flagge, die nicht unerheblich über dies Maß hinausgehen, und, wie die Dinge liegen, ist mit weiteren Erwerbungen zu rechnen.

Das bedeutsamste und erfreulichste Zeichen für die Zukunft liegt aber nun keineswegs in der gewiß erfreulichen Tatsache, daß wir uns auch hier rein ziffernmäßig in aufsteigender Linie bewegen, sondern es spricht für die wachsende Bedeutung der Kreuzerjacht für den Sport vor allen Dingen der Umstand, daß heut unsere besten Konstrukteure sich mit offensichtlicher Sorgfalt und Liebe der Konstruktion solcher Boote zuwenden. Von verschwindenden Ausnahmen abgesehen, glich noch vor wenigen Jahren, wie, wenn ich nicht irre, Wustrau einmal schrieb: ein „Kreuzer" dem andern bis auf die Farbe der Kajütenpolster. — Und selbst in dieser Hinsicht beschränkte man sich so ziemlich auf den Wechsel zwischen rot und grün.

Das ist heut ganz wesentlich anders geworden, und wir haben sogar eine ganze Anzahl wesentlich kleinerer Boote, die Zeugnis davon ablegen, daß an ihnen ein erfahrener Konstrukteur mit wirklicher Hingabe an die Sache gearbeitet hat. Wenn wir trotzdem auch einige nichtdeutsche Konstruktionen hier wiedergeben, so geschieht dies im wesentlichen, um Vergleichsmöglichkeiten zu geben, die gerade für den Eigner einer Kreuzerjacht immer von besonderem Interesse sind. Gerade mittlere und kleinere Kreuzerjachten werden wohl selten oder nie bestellt, ohne daß der künftige Eigner eine mehr oder minder große Zahl von Sonderwünschen zu äußern pflegt, und es ist das an sich auch durchaus verständlich. Es ist aber auch in dieser Hinsicht von Wert, wenn der Interessent, der gelegentlich auch nur allzu leicht unerfüllbare Wünsche äußert, sieht, daß selbst in Amerika, dessen Konstrukteure nicht nur über reichste Erfahrung verfügen, sondern wo auch

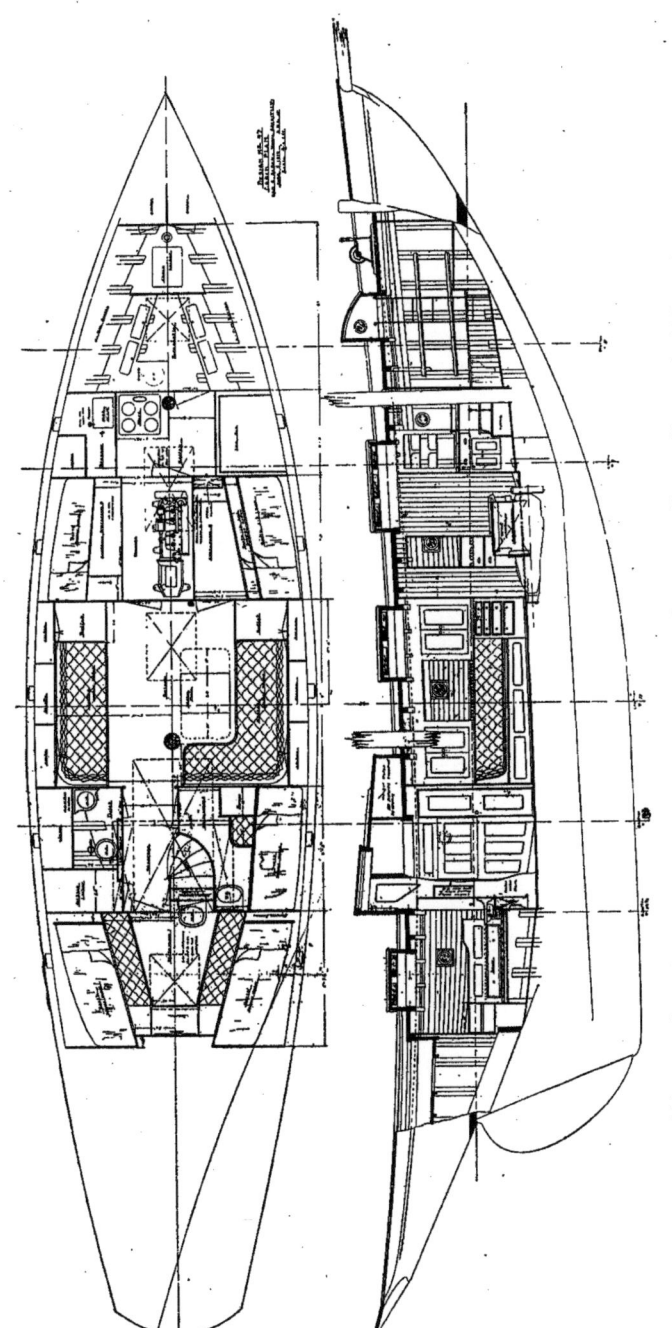

Abb. 13. Amerikanische Hochsee-Schonerjacht im Seefischer-Typ. (Segelriß Abb. 14.)

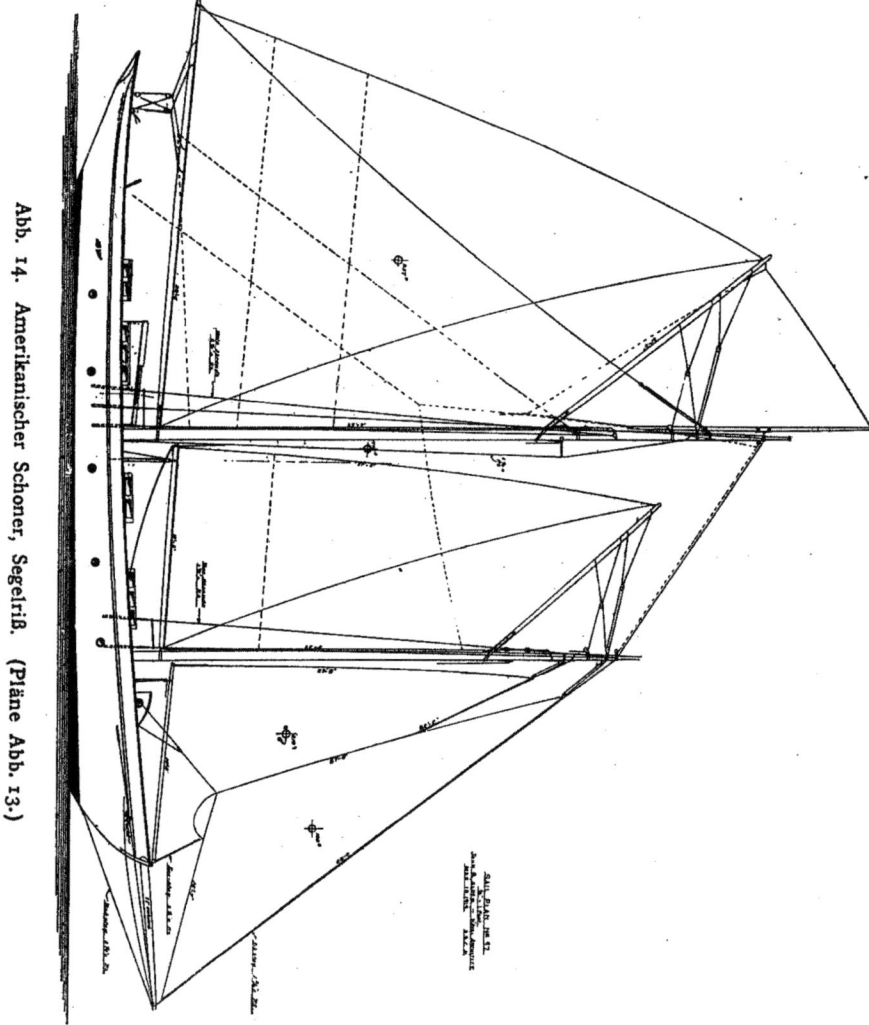

Abb. 14. Amerikanischer Schoner, Segelriß. (Pläne Abb. 13.)

ganz außerordentliche Mittel für den Sport zur Verfügung stehen, nicht mehr in ein Boot hineingebracht werden kann, als Länge und Breite gestatten.

Wir bringen in den Abb. 13 bis 20 eine Anzahl von Beispielen mittlerer Kreuzerjachten, die des Interesses der Leser sicher sein dürften, und es erscheint angebracht, sich auch textlich etwas eingehender mit ihnen zu beschäftigen.

Was die amerikanischen Boote, die wir hier wiedergeben, angeht, so verdienen sie einmal als vollendete Repräsentanten des drüben so beliebt gewordenen „Seefischer"-Typs das Interesse auch des deutschen Seglers (worauf wir gleichfalls in Abschnitt IV noch zu sprechen kommen), dann aber auch als Beispiele für die Auffassung des Kreuzerbegriffes durch den amerikanischen Konstrukteur. Es wird sich fraglos darüber streiten lassen, ob und inwieweit diese amerikanische Auffassung unsern deutschen Neigungen und Gewohnheiten entspricht. In vieler Hinsicht steht ganz sicher der amerikanische Jachtbau auf einem Standpunkt, der bei uns wenig Gegenliebe finden dürfte. In einer Hinsicht aber sind Entwürfe von drüben stets lehrreich für uns: in der Sorgfalt, mit der auf viele kleine, praktische Einzelheiten Rücksicht genommen wird, die das Leben an Bord ungemein behaglich gestalten.

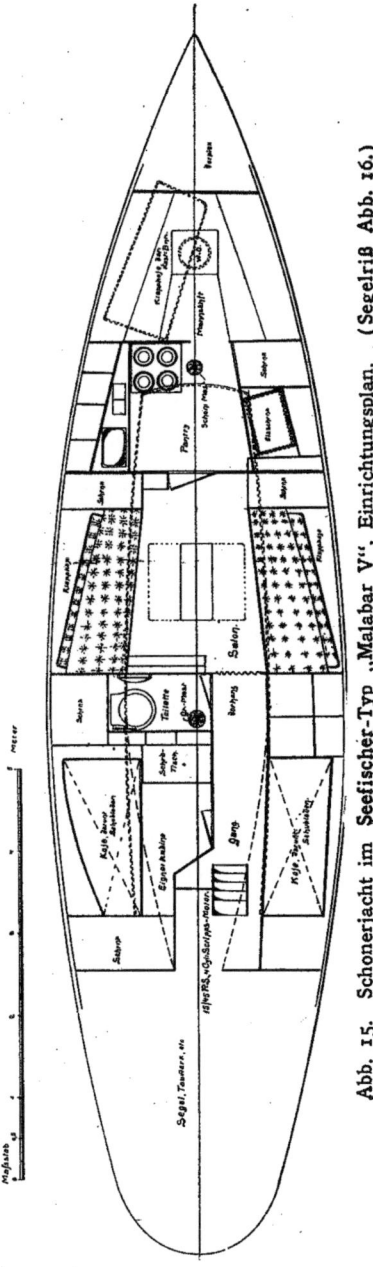

Abb. 15. Schonerjacht im Seefischer-Typ „Malabar V", Einrichtungsplan. (Segelriß Abb. 16.)

Im allgemeinen bedürfen die gegebenen Beispiele kaum einer weiteren Erläuterung. Von besonderem Interesse dürfte aber, was die Amerikaner angeht, die in Abb. 15 und 16 wiedergegebene „Malabar V" insofern sein, als sie einmal die Schöpfung eines Konstrukteurs ist, der diesen Typ geradezu als Spezialist pflegt, und — für eigene Rechnung desselben Herrn John G. Alden mit dem Sonderzweck, das Bermuda-Rennen 1924 zu bestreiten, gebaut wurde.

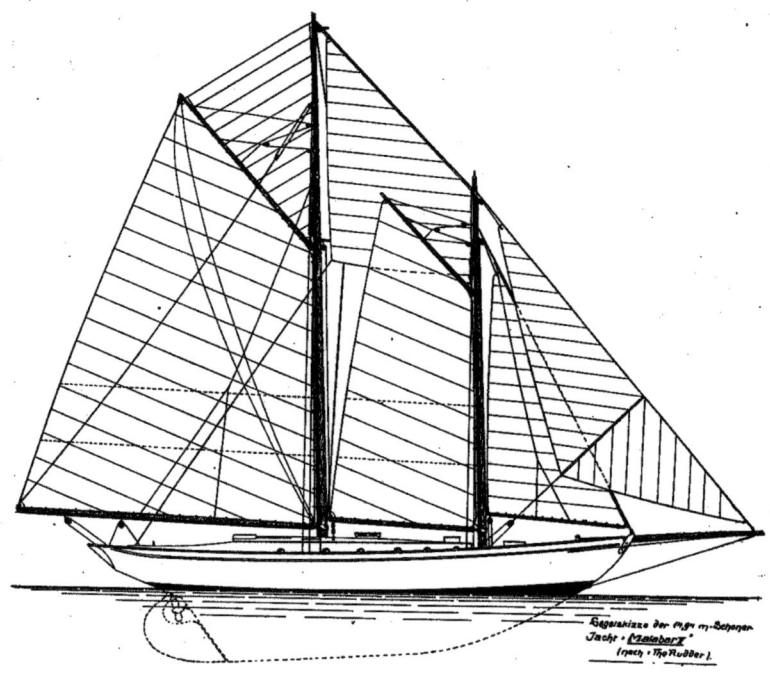

Abb. 16. „Malabar V". (Pläne Abb. 15.)

Abb. 17 und 18 geben Einrichtungsplan und Segelriß des Rasmussen'schen „Talisman" wieder, die einer Erläuterung um so weniger bedürfen, als die gleichfalls gezeigten Bilder der Inneneinrichtung eine hinreichende Ergänzung der Zeichnungen darstellen. Auffällig an der Einrichtung und von dem Üblichen abweichend sind die reichlich vorhandenen Klubsessel, die besonders im Salon die „gemütliche Ecke" wesentlich stärker betonen als dies sonst auf Fahrzeugen dieser Größe üblich ist. —

Einen besonderen Platz verdient das in Tafel III wiedergegebene Boot des Altmeisters unserer deutschen Jachtbauer, — Max Oertz.

Inwieweit die jungen unter den modernen Konstrukteuren bewußt oder unbewußt auf Oertz' Schultern stehen, ist hier nicht zu erörtern. In jedem Fall hat der deutsche Segler in ihm nicht nur einen Könner, der bewiesen hat, daß er auch gegen englische

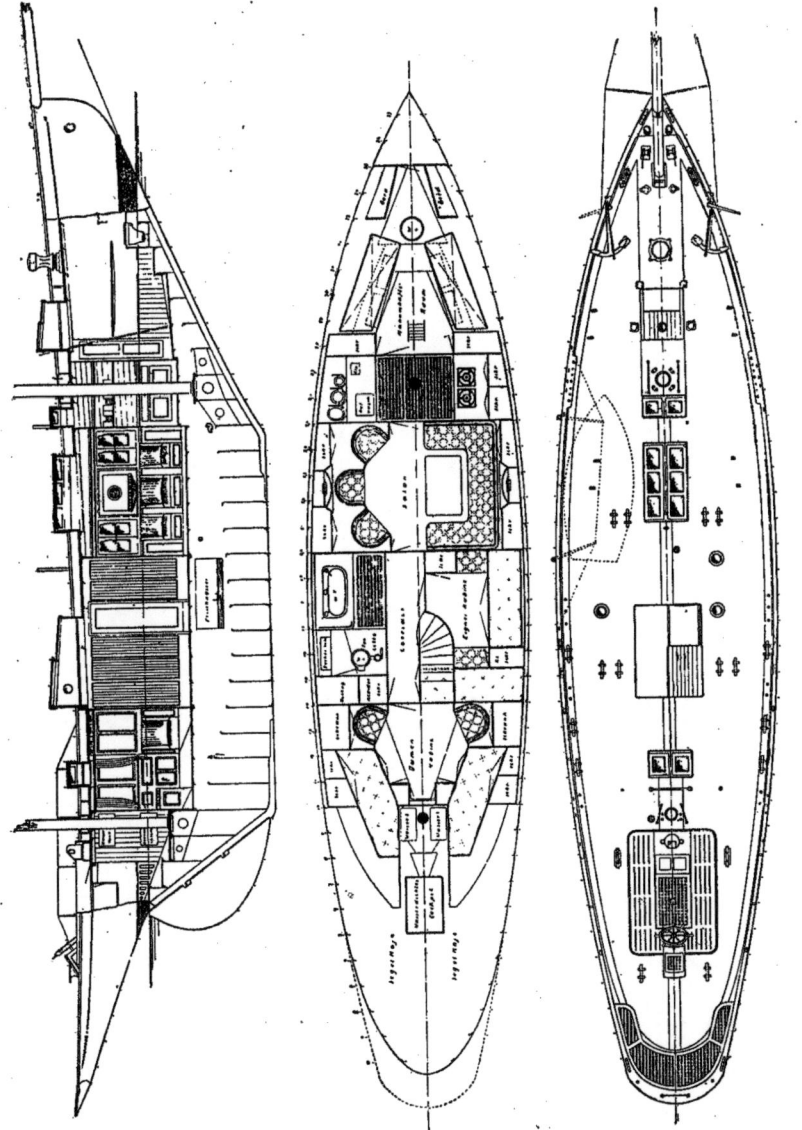

Abb. 17. Kreuzerjacht „Talisman", erbaut von Abeking & Rasmussen. (Segelriß Abb. 18.) Länge: 18,40 m. Länge C. W. L.: 13,50 m. Breite: 4,10 m. Tiefgang: 2,35 m.

und amerikanische Größen in die Schranken treten darf, zu sehen, sondern auch den ersten deutschen Konstrukteur, der wirklich dem Begriff „Jacht" gab, was ihm gebührt. Wenn gerade Oertz in der Mehrzahl Boote geschaffen hat, die, auch wo sie Kreuzer waren, eine gewisse Verwandtschaft mit den Rennbooten nicht verleugnen konnten, so lag das kaum an ihm. Zu der Bedeutung,

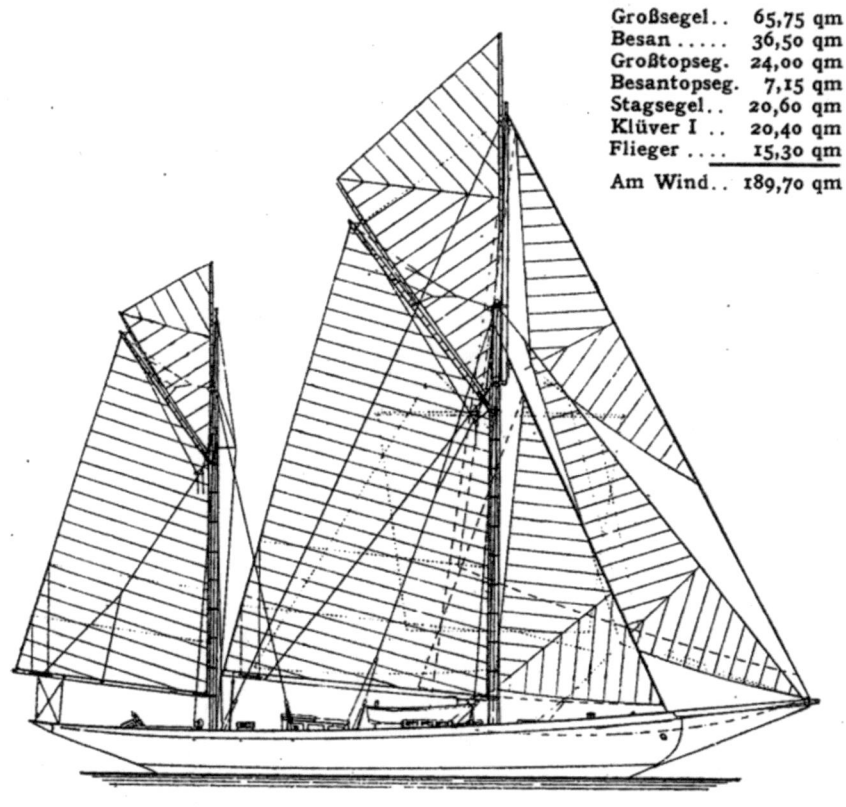

Großsegel..	65,75 qm
Besan.....	36,50 qm
Großtopseg.	24,00 qm
Besantopseg.	7,15 qm
Stagsegel..	20,60 qm
Klüver I ..	20,40 qm
Flieger	15,30 qm
Am Wind..	189,70 qm

Abb. 18. „Talisman", Segelriß. (Pläne Abb. 17.)

die er heute unbestreitbar besitzt, hat sich der Kreuzer eben erst in der jüngsten Zeit aufschwingen können. In der ganzen Anlage aber sowohl, wie vor allem auch in seinen Einzelheiten war das Oertzsche Boot immer vorbildlich, und sein geistiger Vater war auf die soliden und eleganten, nach sorgfältiger Berechnung in bester Arbeit hergestellten Beschläge mit Recht ebenso stolz wie auf die Linien des Fahrzeuges. —

An dem Einrichtungsplan eines Kreuzers, der wirklich nur ein solcher sein soll und will, ,,Kritik" zu üben, ist geheiligter Brauch in einem Teil unserer Fachpresse, darum nicht weniger unfruchtbar. Fast stets wird man sagen können, daß der Salon kleiner sein und dafür eine Kabine mehr eingebaut werden konnte, — oder — — umgekehrt. Beides natürlich mit Recht von dem per-

Großsegel	62,00 qm
Besan	17,50 qm
Topsegel	14,50 qm
Stagsegel	16,10 qm
Klüver I	17,00 qm
Flieger	7,30 qm
Am Wind	134,40 qm
Klüver II	13,50 qm
Klüver III	10,30 qm
Ballon	45,00 qm
Spinnaker	65,00 qm
Dreikant Tops	9,30 qm
Breitfock	32,50 qm

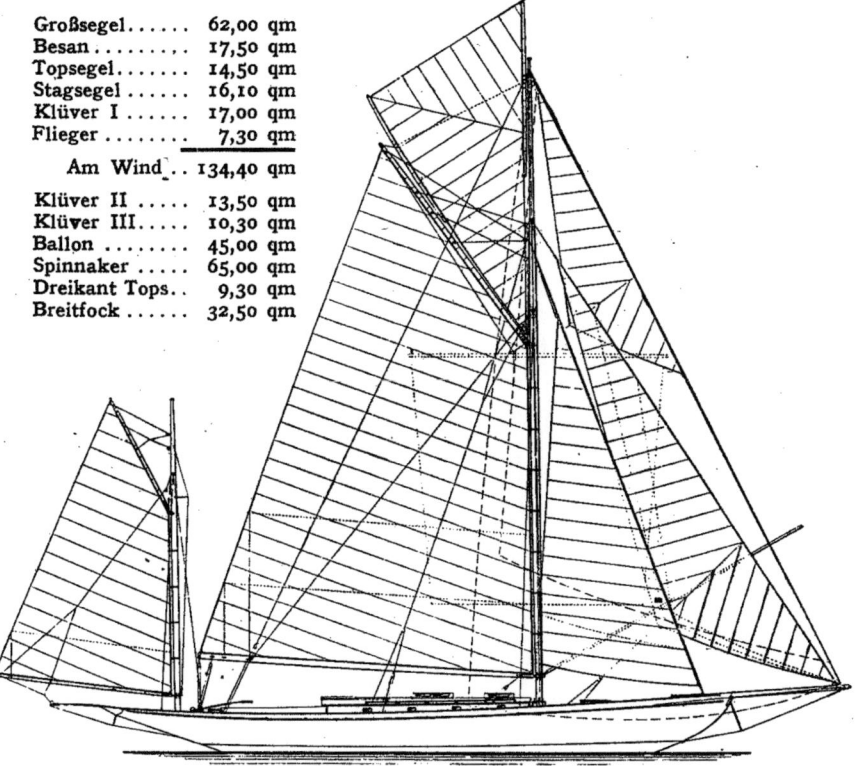

Abb. 19. Kreuzerjacht von 22 Tons T. M. Typ ,,Lota". Segelriß. (Pläne Abb. 20.)

sönlichen Standpunkt des jeweiligen Beurteilers aus, denn: es gibt nichts Subjektiveres als den reinen Kreuzer, vor allen Dingen aber nicht den mittlerer Größe.

In einem Boot dieser Größe ist gegebenenfalls Raum genug zu schaffen, um drei, auch vier, ja selbst fünf Personen außer dem Eigner so bequem unterzubringen, daß man sich auf einer vierwöchigen Ostseereise mit relativ doch immer nur kurzen Seetörns durchaus behaglich fühlen wird, — wenn man eine so große Gesellschaft an Bord liebt. Es gibt aber auch Leute, die zwar das Boot dieser Größe durchaus zu schätzen wissen, aber grundsätzlich gegen den Bordgast — zum mindesten im Plural — sind, und ihr Boot wird eben in bezug auf den Einrichtungsplan etwas anders aussehen. —

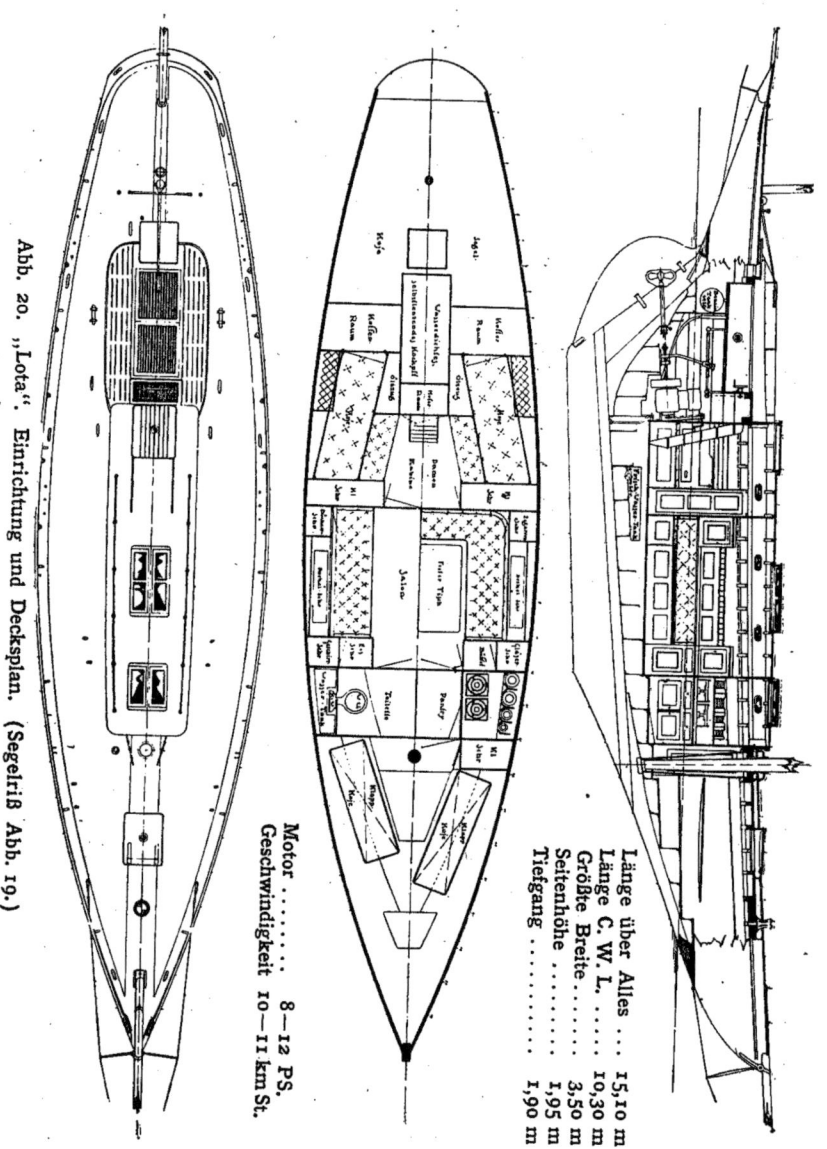

Abb. 20. „Lota", Einrichtung und Decksplan. (Segelriß Abb. 19.)

Motor .... 8—12 PS.
Geschwindigkeit 10—11 km St.

Länge über Alles ... 15,10 m
Länge C. W. L. ...... 10,30 m
Größte Breite ...... 3,50 m
Seitenhöhe .... 1,95 m
Tiefgang .... 1,90 m

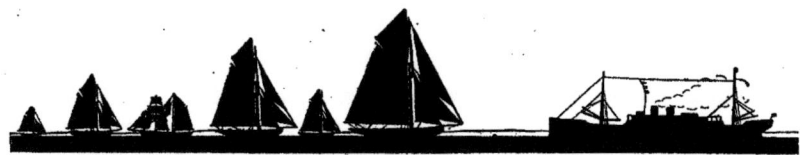

3. Kleine Kreuzer.

Der „kleine" Kreuzer gehört wohl zu den am heißesten umstrittenen Typen überhaupt. Jedenfalls aber zu den schwierigsten Nüssen, die selbst einem erfahrenen und begabten Konstrukteur zu knacken gegeben werden können. Wer in der Fachpresse zu Haus ist, weiß, daß der zukünftige Eigner einer Hochseejacht von 500 Tonnen in den meisten Fällen relativ weniger Sonderwünsche hat als der Einhandmann, und ihre selbst nur annähernde Erfüllung ist um so schwerer, als auf der andern Seite „natürlich" auch verlangt wird, daß ein solches Fahrzeug ein ausgezeichneter Segler und ein in allen Gangarten schnelles Boot sein soll. — Sicher keine leichte Aufgabe, wenn man bedenkt, daß hier schließlich doch wirklich nicht viel anderes übrig bleibt, als „um die verlangten Kajüträume herum" ein Boot zu konstruieren.

Wenn irgendwo, so ist sicher hier unter heutigen Verhältnissen das Klassenboot mit seiner, durch Vorschriften festgelegten Einrichtung am Platz, denn: mehr oder weniger wird man sich auf solchem Boot immer beschränken müssen — sei es in dieser, sei es in jener Hinsicht —, und es ist unter solchen Umständen sicher für viele ein willkommener Ausgleich, mit dem Boot auch Rennen bestreiten zu können, die denen der eigentlichen Rennboote nicht nachstehen. —

Wer auch hier eigene Wege wandeln will, findet in den beigefügten Abb. 21 ff. eine Reihe von Beispielen, die sicher darum, daß man auch in sehr bescheidenen Abmessungen einen Kreuzer haben kann, auf dem sich hausen läßt, und das Beispiel der schon erwähnten, noch dazu mit den einfachen, eckigen Spanten versehenen Sea-Bird, die ihre Atlantik-Reise zu einer seglerischen Berühmtheit gemacht hat, beweist nächstdem, daß man einem solchen Fahrzeug mehr zumuten kann, als die meisten Segler für sich beanspruchen.

Auf eins allerdings muß gerade der kleine Kreuzer verzichten: gerade er wird bei leichter Brise und ruhigem Wasser im Verhältnis zu rennmäßigen Booten immer „langsam" sein. Er wird seinen Eigner dafür entschädigen, wenn er im wesentlichen ernsthafte Seetörns ableisten darf. Es ist durchaus möglich, ein Boot von rund 7 m Länge zu schaffen, auf dem man sich in jedem Wetter behaglich fühlen und wirklich „leben" kann; aber man soll dann nicht auch noch verlangen, daß es bei flauer Brise einen 30 qm-Schärenkreuzer aussegelt. —

Daß Erfahrung und — — Liebe dazu gehört, einen wirklich bequemen und behaglichen kleinen Kreuzer zu schaffen, ist eigentlich selbstverständlich, und es ist wohl richtig, daß gerade auf diesem Gebiet wirklich gute Konstruktionen erst in den letzten 20 Jahren entstanden sind.

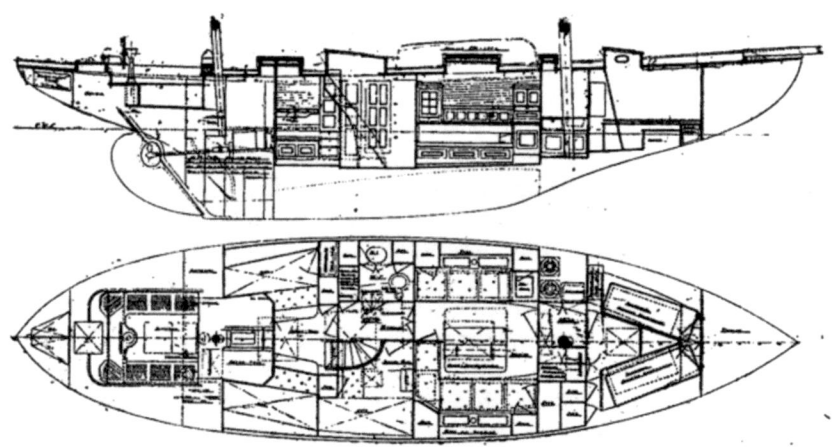

Abb. 21. Ketsch-getakelte Kreuzerjacht „Skeaf", erbaut von der Germania-Werft, Kiel. Motor 10/12 PS.

Vor dieser Zeit war der kleine Kreuzer aber auch eine Seltenheit und beschränkte sich fast ausschließlich auf die kleinen Meßverfahren-(z. B. Segellängen-)Kreuzer, deren knappe und niedrige Kajüten auch kaum mehr als das Übliche — zwei Sofabänke und ein bißchen Schrankwerk — zuließen.

Als dann die Neigung zunahm, kleine wirkliche Kreuzerjachten ohne die engen Fesseln des Rennkreuzertums zu bauen und als, durch ausländische Vorbilder angeregt, unsere damals jüngeren Konstrukteure sich mit Feuereifer dieser neuen Ideen annahmen und auch in Deutschland den kleinen wirklichen Fahrtenkreuzer schufen, entstand eine ständig wachsende und bald so mächtig werdende Flotte, daß auch die Verbände nicht mehr an

Tafel III.

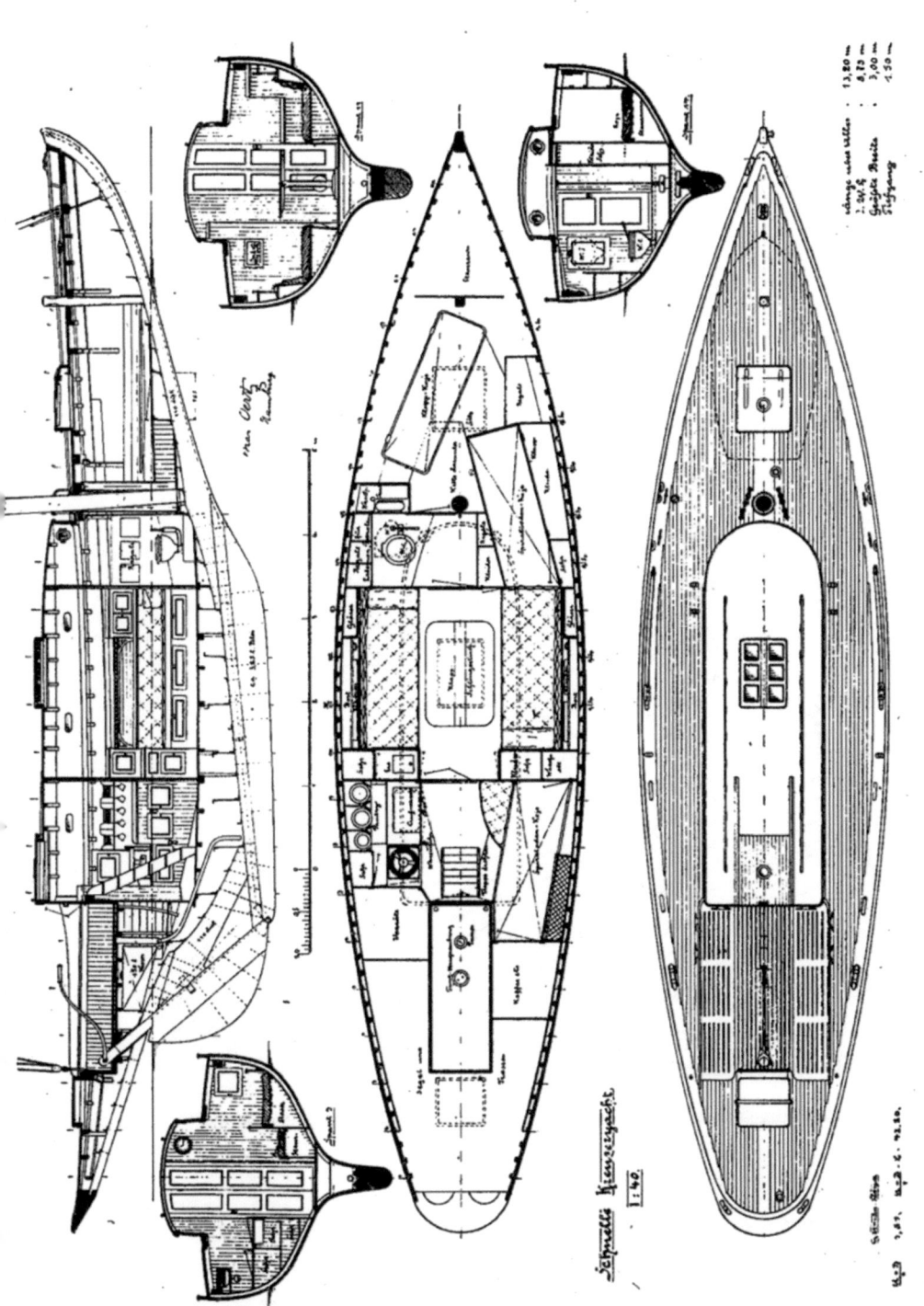

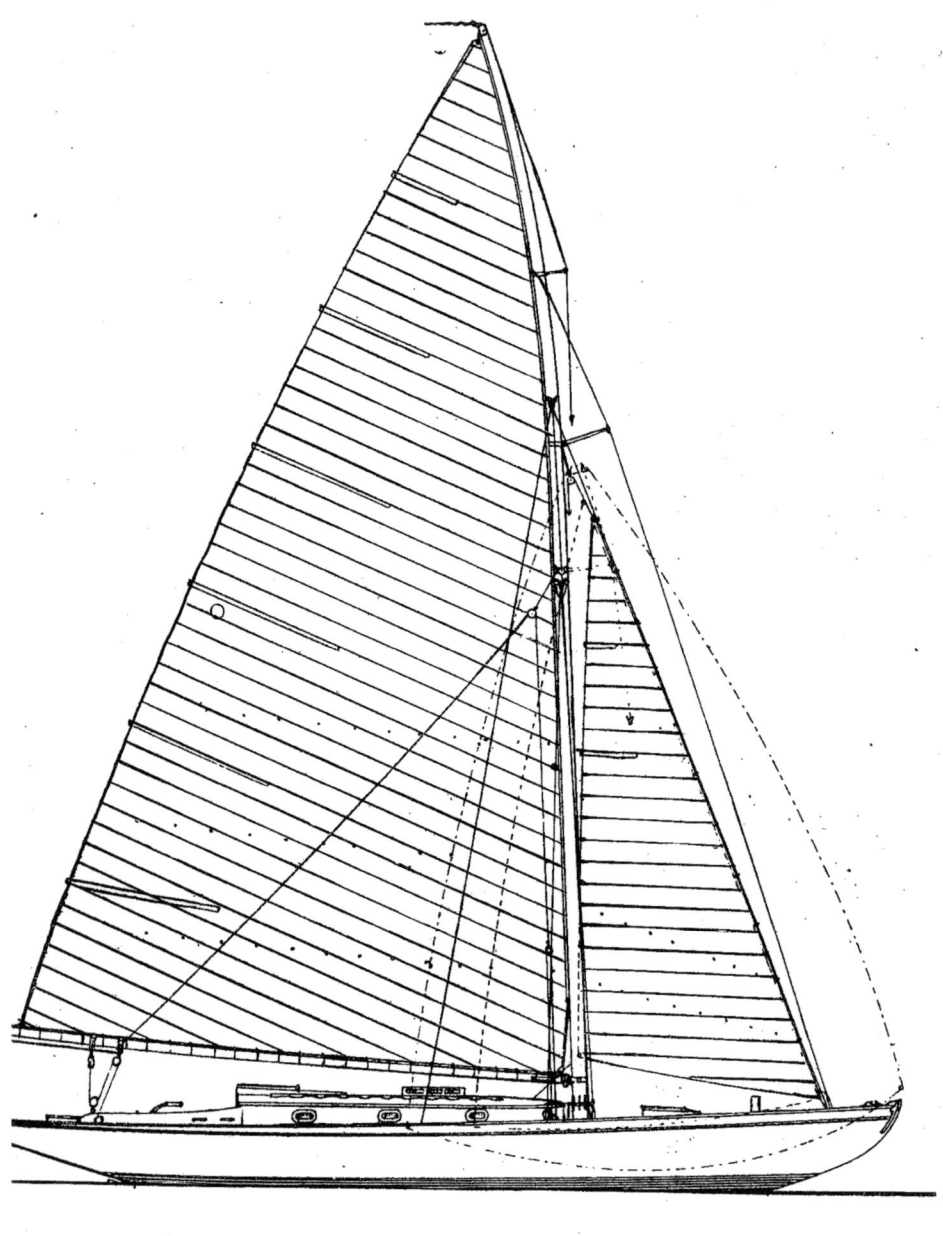

Schnelle Kreuzerjacht.
Konstrukteur: Dr. h. c. Max Oertz, Hamburg, An der Alster 84.

ihnen vorbeisehen konnten und sich der Fahrtensegler annehmen mußten, wenn sie die Kräfte, die in dieser Bewegung steckten, nicht verlieren wollten.

Länge	15,85 m	Großsegel	49,3	qm
„ C. W. L.	11,84 m	Besan	34,0	„
Breite	4,15 m	Stagfock	15,9	„
		Klüver I	14,4	„
		Topsegel	17,54	„
		Flieger	10,0	„
		Am Wind	141,14	qm

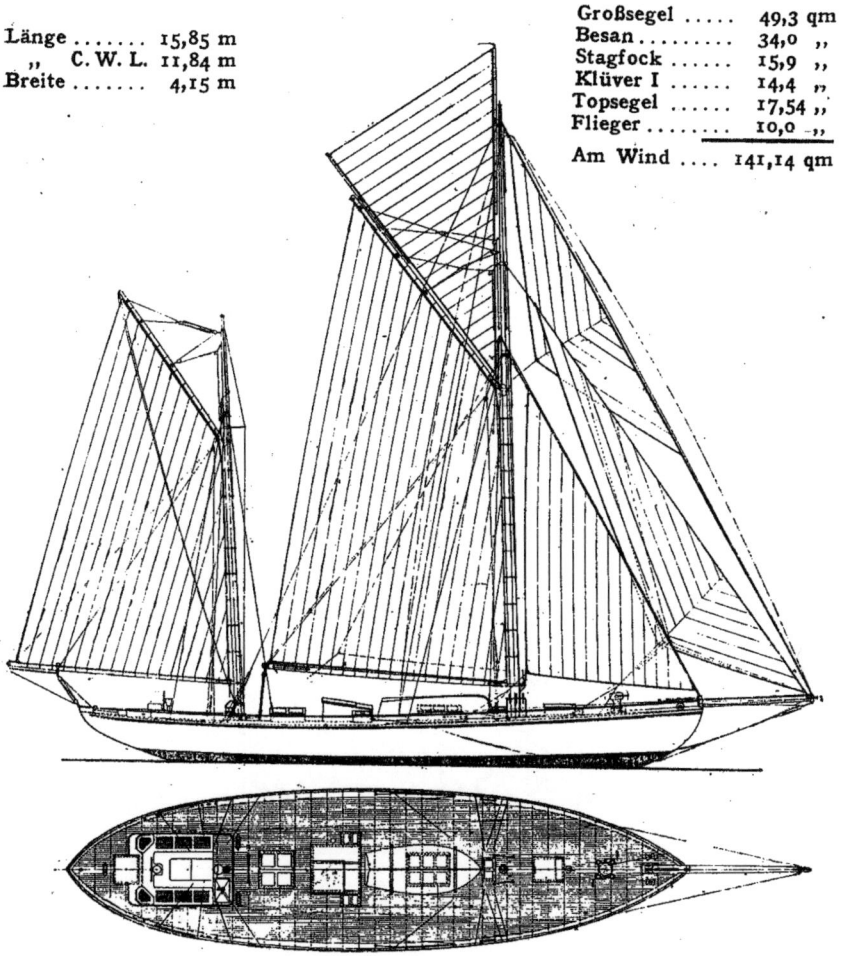

Abb. 22. „Skeaf". Decksplan und Segelriß.

Der Deutsche Seglerverband hat in seinen nationalen Kreuzerklassen die Rennkreuzer wiederentwickelt, die diese Fahrzeuge ursprünglich einmal gar nicht werden sollten. Der Deutsche Segler-Bund hat nun dieser Tage ein ganzes System von Kreuzerklassen geschaffen, die hoffentlich das halten, was sie zu versprechen scheinen. Eine Übersicht über diese Klassen ist am Schlusse dieses Buches gegeben.

Der Wandersegler ist ein Faktor geworden, mit dem heut schon im Segelsport gerechnet werden muß, — das ist eine Entwicklung, die zu natürlich ist, als daß sie eingedämmt werden könnte.

Großsegel	48,00 qm		Ballonfock	24,50 qm
Besan	27,10 ,,		Ballonfockklüver.	45,70 ,,
Topsegel.	8,40 ,,		Spinnaker	63,00 ,,
Klüver	17,40 ,,		Besanstag	18,00 ,,
Stagfock	17,50 ,,		Insgesamt....	269,60 qm
Am Wind	118,40 qm			

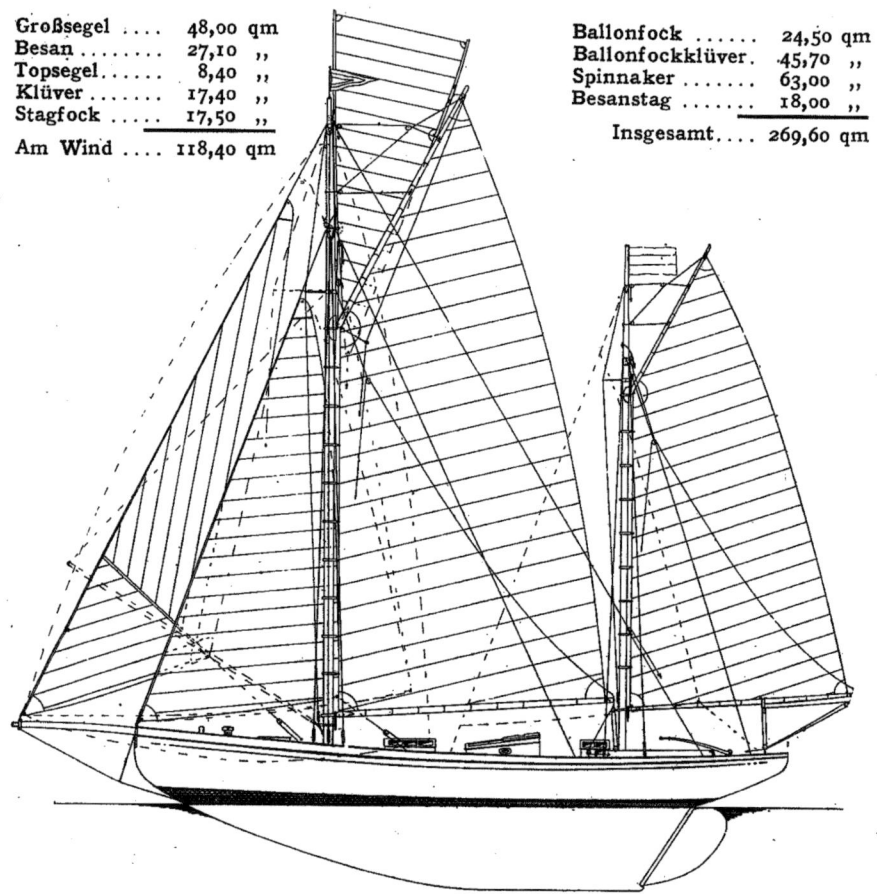

Abb. 23. 13,50 m-Ketsch. Walter Protzen, Wismar.

Die Abb. 23 zeigt eine neuere Kreuzerjacht von Walter Protzen. Protzen ist als Konstrukteur von Kreuzern der hier gezeigten Art in Seglerkreisen gut bekannt, und eine schon immerhin beträchtliche Anzahl solcher Schiffe ist auf seinem Reißbrett entstanden. Meist, wie auch in dem hier in Rede stehenden Fall, unter starker Beeinflussung durch Sonderwünsche des Bestellers (die ja überhaupt beim Kreuzerbau eine große Rolle spielen) und daher nicht so sehr das, was man „modern" nennt, immer aber kräftige, seetüchtige und dabei doch auch gut segelnde Fahrzeuge mit guter und bequemer Raumverteilung.

Die Abmessungen des Fahrzeuges sind neben den Zeichnungen gegeben.

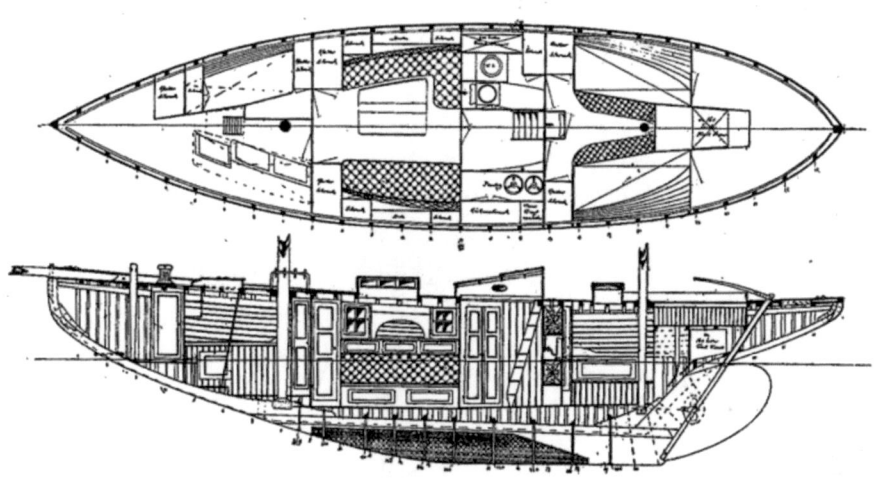

Abb. 23 a.   13,50 m-Ketsch.   Walter Protzen, Wismar.

Länge über Deck 13,50 m, Länge W. L. 10,46 m, Breite über Deck 3,52 m, Breite W. L. 3,39 m, Tiefgang 1,75 m, Verdrängung 15,86 cbm.

Eine Auswahl von Entwürfen der verschiedenen Klassen folgt hier.

Größte Länge	10,50	m
Länge in der C.W.L..	7,50	m
Größte Breite	2,20	m
Geringster Freibord	0,50	m
Größter Tiefgang ..	1,20	m
Verdrängung	2,75	cbm
Großsegel	36,00	qm
Vorsegeldreieck	9,00	qm
Vermess. Segelfläche	45,00	qm

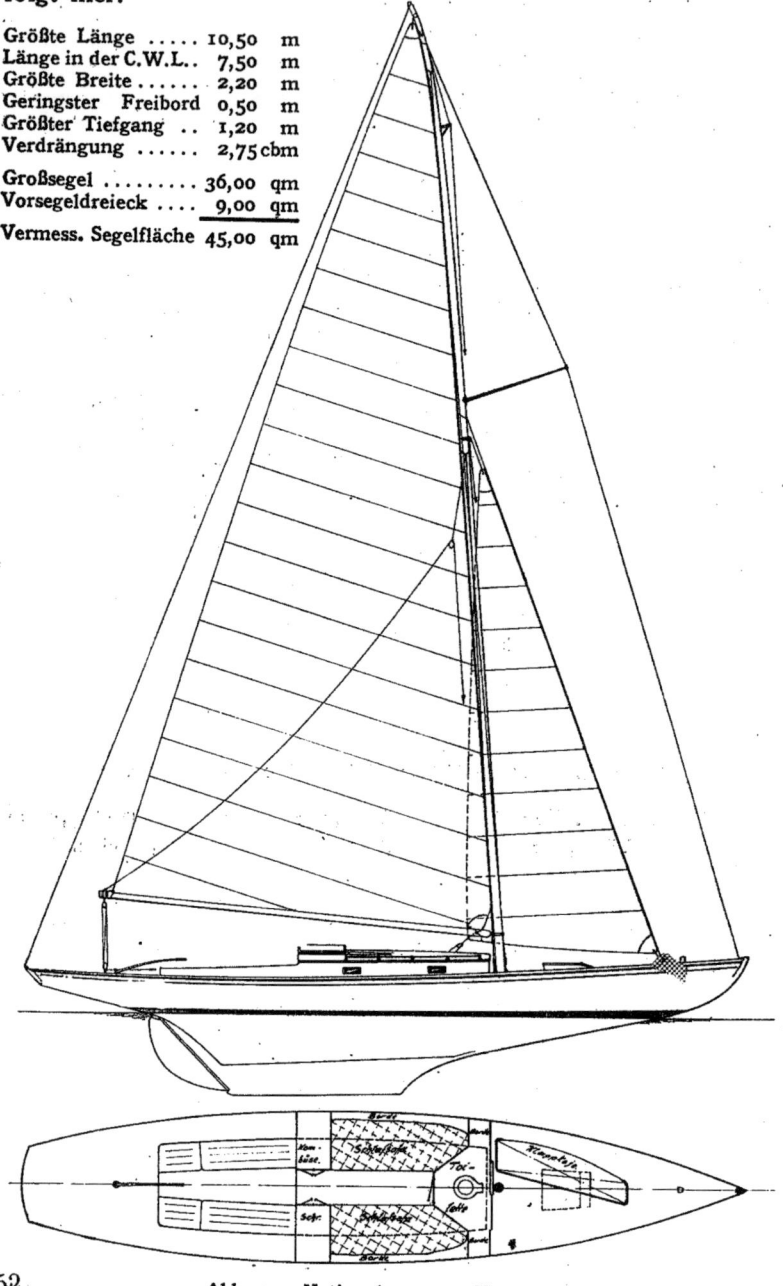

Abb. 24. Nationale 45 qm-Kreuzerjacht.

Nationale 45 qm-Kreuzerjacht.

Entworfen von Hans Schröder, Berlin-Spandau.

Die 45 qm-Kreuzerklasse ist diejenige unter allen Kreuzerklassen des Verbandes, die sich eigentlich ungeteilter Beliebtheit erfreut; sie hat sich als eine auf Binnengewässern, für welche sie bestimmt ist, sehr geeignete Jacht für Nachmittagsfahrten, sonntägliche Ausflüge und längere Ferienreisen, letztere für 2 bis höchstens 4 Personen, erwiesen. Für die Seefahrt ist das Fahrzeug weniger geeignet, und auch die durch die Bauvorschriften festgelegten Materialstärken und Verbände des Schiffskörpers sind für solche Beanspruchungen, wie sie nun einmal die Seereisen mit sich bringen, nicht vorgesehen; dennoch werden alljährlich zahlreiche Seereisen mit diesen Kreuzern gemacht, die sich meistens auf die Ostseeküstengewässer beschränken, häufig aber auch in die dänischen Inseln und bis in die Schären der schwedischen Westküste sich erstrecken.

Im allgemeinen kann hierzu nicht geraten werden, und vornehmlich Anfänger sollten mit diesen Jachten auf keinen Fall weitergehen als bis in die Rügenschen Gewässer.

Die Besegelung ist eine sehr hochgeschnittene Hochtakelung in ihrer modernsten Ausführungsart mit Topstagspreize und Heckstag, welche die Backstagen entbehrlich machen.

Die Plicht ist tief und nicht selbstlenzend, mit etwas höher gelegten Steuersitzen. Die Kajüte enthält in diesem Entwurf mehr als die Vorschriften verlangen: eine kleine Küche an Backbord, sehr zweckmäßig gleich am Niedergang gelegen, gegenüber ein Schrank für Kleider und Wäsche, zwei sehr bequeme Schlafsofas, in deren vorderen durch die Toiletteschotten gebildeten Ecken tagsüber die Bettwäsche verstaut wird, eine immerhin wirklich benutzbare Toilette mit Borden an jeder Seite sowie, durch eine niedrige Schiebetür zugänglich, ein sehr geräumiges Vorschiff mit einer Klappkoje.

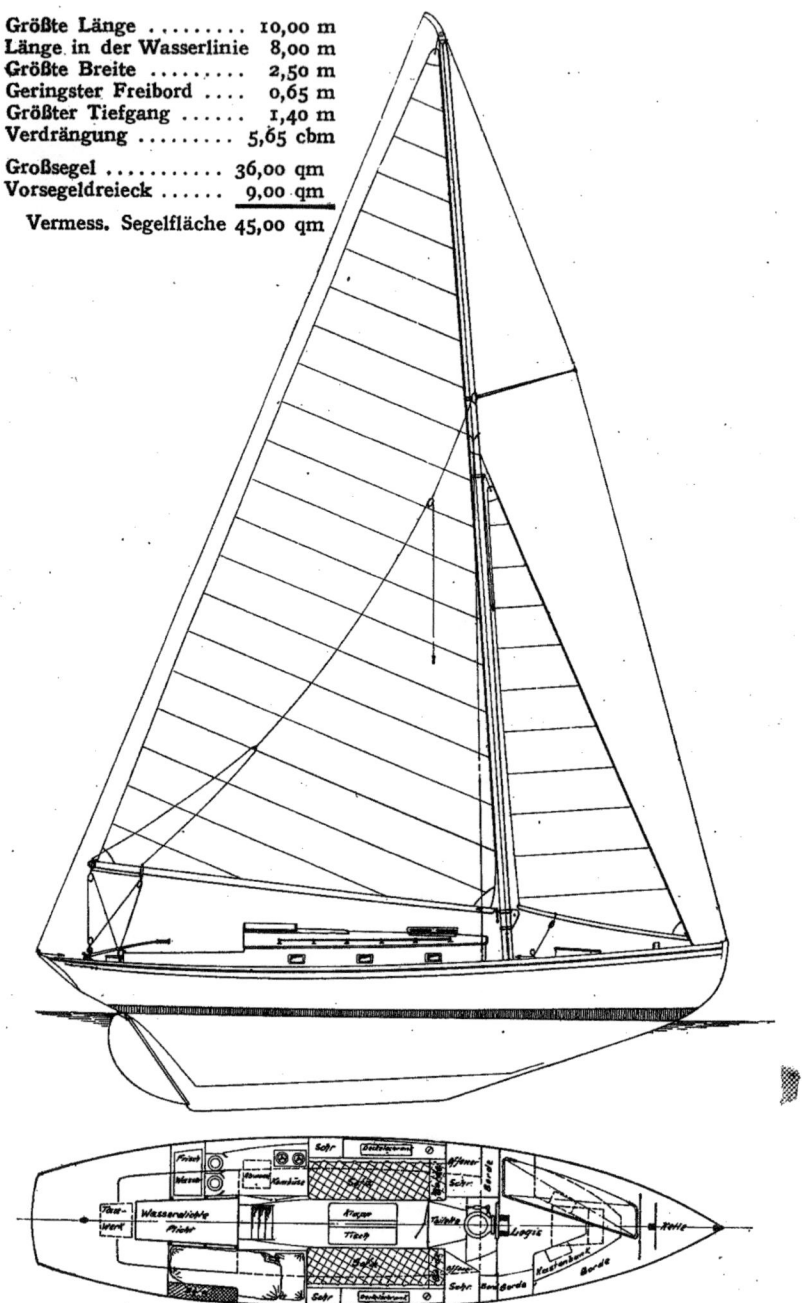

Abb. 25. 10 m-Küstenkreuzerjacht, nach den Vorschriften der 45 qm-Küstenkreuzerklasse des Deutschen Segler-Bundes.

10 m-Küstenkreuzerjacht
nach den Vorschriften der 45 qm-Küstenkreuzerklasse des Deutschen Segler-Bundes.

Dieser Entwurf stellt in ihrer Größe etwa den Idealtyp der durch die Vorschriften der 45 qm-Bundesküstenkreuzerklasse gedachten kleinen Kreuzerjacht dar. Man ist ohne weiteres in der Lage, bei geübter Besatzung diese Jacht in allen Küstengewässern der Ostseestaaten auf sommerlichen Seereisen zu fahren, selbstverständlich eine segelkundige Besatzung vorausgesetzt.

Auch die Einrichtung dieser Jacht ist für 4 Personen, wobei die Möglichkeit vorgesehen ist, daß ein Bootsmann oder ein Junge an Bord fährt. Unmittelbar hinter dem Mast befindet sich die Toilette, die vom Salon durch eine Klapptür zugänglich ist und als Durchgang zum Vorschiff dient, das man durch eine niedrige Schiebetür erreicht. Das Unterwasserpumpkloset ist zu beiden Seiten durch große offene Schränke flankiert. Die Küche ist gleich neben dem Niedergang an Backbord angeordnet, während sich gegenüber an Steuerbord eine bequeme Hundekoje befindet.

Eine Turenkreuzerjacht für Seereisen, welche mit Hochtakelung versehen werden soll, muß aus vielerlei Gründen einen geraden nicht· gekrümmten Mast erhalten (abgesehen davon, daß dies bei der 45 qm-Bundesküstenkreuzerklasse Vorschrift ist). Die bei diesem Entwurf gewählte, bei uns noch nie gesehene und wohl ganz neuartige Lösung mit dem gekrümmten Masttopbeschlag, um das Achterstag und damit die Topstagspreize zu ermöglichen und das Schiff ohne Backstagen zu fahren, erscheint durchaus zweckmäßig und gibt der Jacht bei aller Derbheit der Formen doch ein elegantes jachtartiges Aussehen.

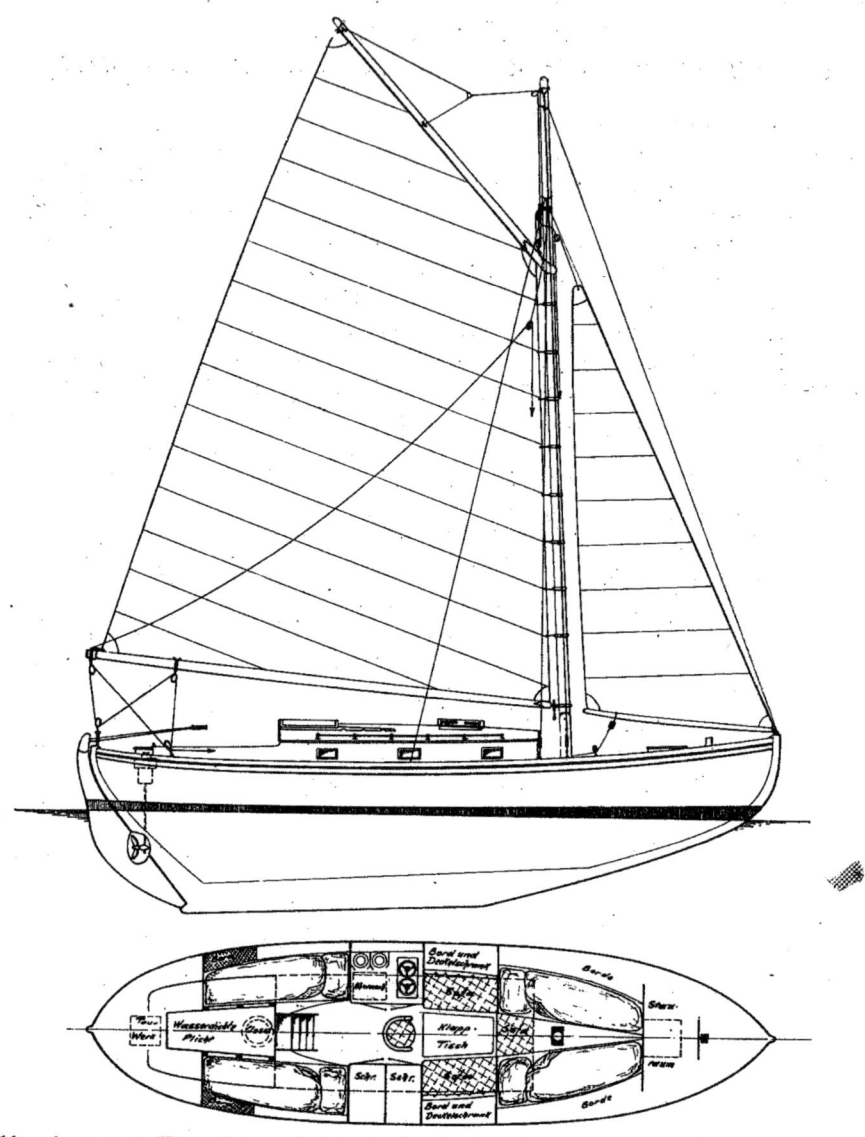

Abb. 26. 9,40 m-Küstenkreuzerjacht mit eingebautem Anhängemotor. Maßstab 1 : 100.

Größte Länge	9,40 m
Länge in der Wasserlinie	8,60 m
Größte Breite	2,50 m
Geringster Freibord	0,65 m
Größter Tiefgang	1,40 m
Verdrängung	5,85 cbm
Großsegel	35,00 qm
Vorsegeldreieck	10,00 qm
Vermessene Segelfläche	45,00 qm

9,40 m-Küstenkreuzerjacht mit eingebautem Anhängemotor.

Entworfen von Hans Schröder, Berlin-Spandau.

Trotz der vielen unleugbaren Mängel, welche dem technisch als längst überholt geltenden Spitzgattyp anhaften, gibt es noch viele Anhänger solcher Fahrzeuge, teils der fraglos billigeren Herstellung wegen, teils im Hinblick auf eingebildete Vorzüge hin, die man diesen Fahrzeugen häufig noch zumutet. Für Liebhaber dieser Bootsgattung ist der Entwurf bestimmt gewesen, der in die Vermessungs- und Bauvorschriften der neugeschaffenen 45 qm-Küstenkreuzerklasse des Deutschen Segler-Bundes hineinpaßt.

Niedrig und breit ist die Besegelung gehalten; für den heutigen Geschmack beinahe altmodisch erscheinend.

Die Plicht ist selbstlenzend, wie es sich für ein kleines Seereisenschiff ziemt; achtern ist an Stelle der Tauwerkkoje der Anhängemotor, dessen oberer Teil natürlich immer noch abnehmbar bleibt, fest eingebaut.

Die innere Einrichtung ist nur auf „Reiseboot" eingestellt. Vier Personen, die ihr Fahrzeug allein segeln und instand halten, finden unter Deck bequem Platz, und jeder hat seine feste Koje, die immer eine solche bleibt und nicht tagsüber zum Sitzplatz umgewandelt zu werden braucht. Jeder hat seinen Sitzplatz um den Tisch herum. Der „Smutje" auf dem kleinen Sessel, der beim Segeln, wenn nirgendwo anders, unter der Treppe verstaut werden kann. Die Küche mit Abwaschbehälter ist ebenso wie die beiden gegenüberliegenden Schränke reichlich dimensioniert; unter dem Plichtfußboden findet das Eimerkloset Aufstellung; Stauraum, wenn auch nicht übermäßig reichlich, ist vorne im Vorschiff, durch eine besondere Luke vom Deck aus zugänglich.

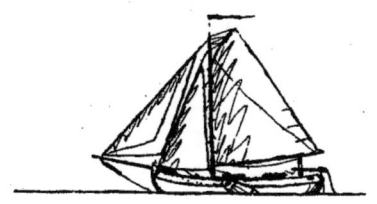

11 m-seetüchtige Kreuzerjacht.

Entworfen von Hans Schröder, Berlin-Spandau.

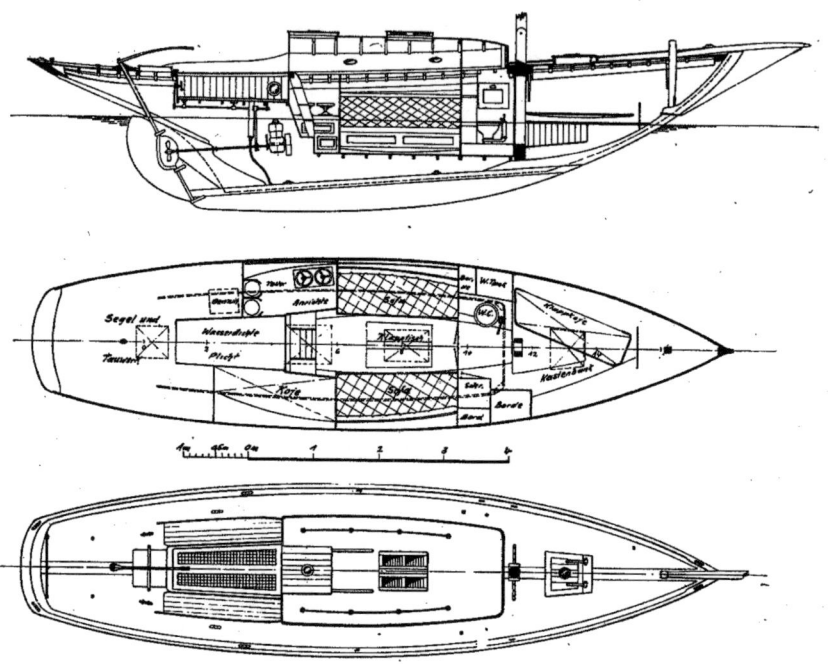

Abb. 27. 11 m-seetüchtige Kreuzerjacht.

Größte Länge	11,00 m
Länge in der Wasserlinie	8,00 m
Größte Breite	2,70 m
Geringster Freibord	0,62 m
Größter Tiefgang	1,45 m
Verdrängung	6,25 cbm

Dieser Entwurf stellt etwa das gleiche Fahrzeug vor, wie die hier vor wiedergegebene 10 m-Küstenkreuzerjacht nach den Vorschriften der 45 qm-Küstenkreuzerklasse des Deutschen Segler-Bundes.

In der Wasserlinie sind beide Jachten gleich lang, ebenso ist die Aufbaulänge die gleiche. Alle anderen Maße sind etwas reichlicher, so daß auch die Innenräume durchweg in der Breite etwas mehr Ellbogenfreiheit aufweisen. Unter der Plicht ist ein kleiner 2 Zylinder- etwa 6 P. S. leistender Hilfsmotor vorgesehen.

Die Segelfläche ist niedrig und breit gehalten; der kurze Klüverbaum wird manchem Seesegler nicht unwillkommen sein.

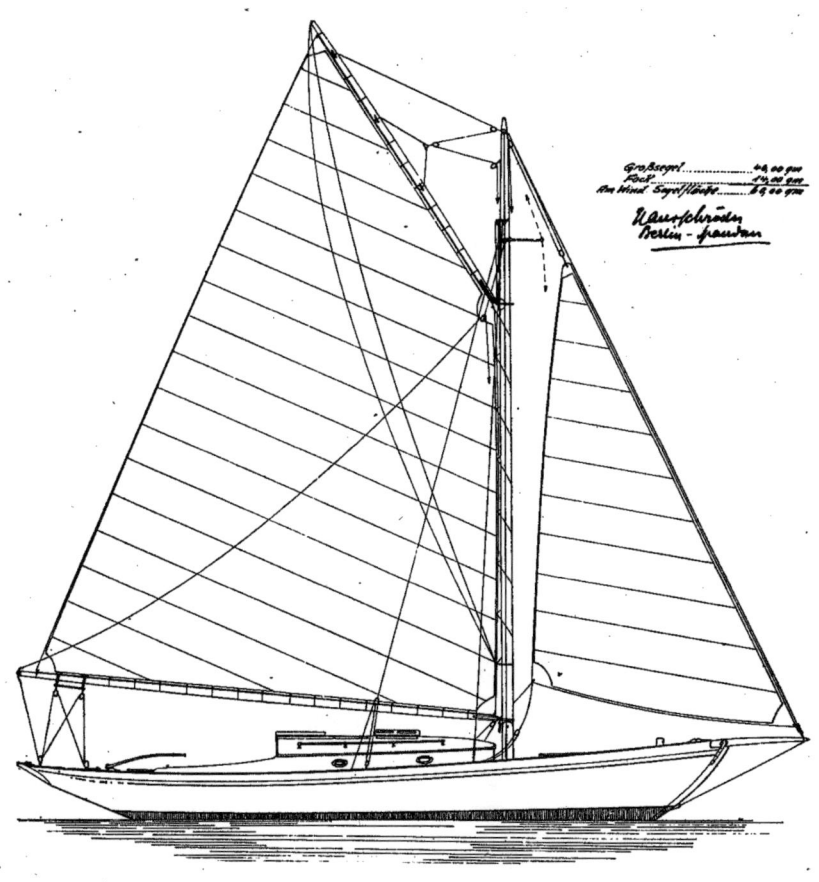

Abb. 27a. 11 m-seetüchtige Kreuzerjacht.

Großsegel	46,00 qm
Fock I	14,00 qm
Am-Wind-Segelfläche	60,00 qm

Größte Länge	12,00 m
Länge i. d. Wasserlinie	8,00 m
Größte Breite	2,60 m
Geringster Freibord .	0,66 m
Größter Tiefgang ..	1,50 m
Verdrängung	6,35 cbm
Großsegel	40,00 qm
Fock I	10,00 qm
Am-Wind-Segelfläche .	50,00 qm

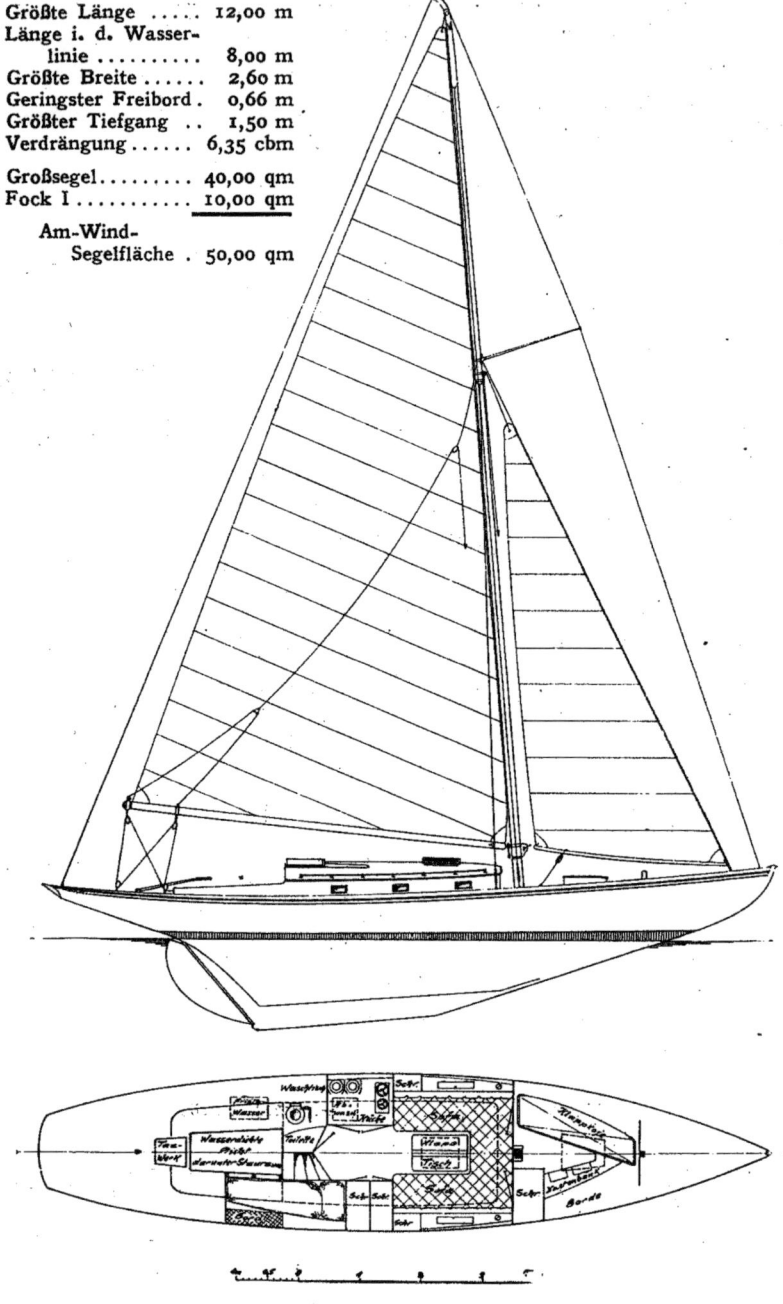

Abb. 28. 12 m-Seekreuzerjacht.

50 qm-Küsten-Kreuzerjacht
nach den Kreuzervorschriften des Deutschen Segler-Bundes.

Entworfen von Hans Schröder, Berlin-Spandau.

Das Vorbild dieses Entwurfs war eine Jacht desselben Konstrukteurs, welche bei gleicher Länge in der Wasserlinie und auch sonst gleichen Abmessungen eine größte Länge von nur 10,50 m, also erheblich kürzere Überhänge hatte. So sehr dem Eigner dieser Jacht das Vorbild bezüglich Besegelung, Einrichtung usw. gefiel, so wünschte er doch das durch lange Überhänge seiner Meinung nach elegante Aussehen, und so entstand der vorliegende Entwurf.

Bezüglich der Besegelung gilt das gleiche, was schon von der soeben beschriebenen 10 m-Küstenkreuzerjacht gesagt worden ist.

Die Einrichtung dieser Jacht weicht in nicht ungeschickter Art von der im allgemeinen üblichen ab.

Die Toilette mit Waschgelegenheit in Verbindung mit einem Motorraum gleich neben dem Niedergang ist recht geschickt. Das „kochende" Mitglied der Bordgesellschaft wird durch die glückliche Lage der Küche bei seiner Tätigkeit meist unbehelligt bleiben. Auf dem U-förmigen Sofa, das auch zwei Schlafplätze abgibt, hat die Besatzung sehr reichlich und bequem Platz. Schrankraum ist reichlich vorhanden, und auch der evtl. bezahlte Mann ist im Vorschiff sehr bequem untergebracht.

4. Jollen-Kreuzer und Kanu-Jachten.

Beide Bezeichnungen — die erste bei uns, die zweite in England entstanden — klingen nicht sonderlich gut. Sie sind aber zweifellos bezeichnender, als vielleicht ihren Schöpfern von Anfang an bewußt war, — sind, was die Fahrzeuge selbst auch sein müssen: Kompromisse. —

Trotzdem dürften diese Boote mit Recht den größten Platz in diesem Abschnitt unseres Buches beanspruchen können, denn die Tatsache, daß das Interesse weitester seglerischer Kreise heut derartigen Typen gilt, ist unverkannt und findet in den gegebenen Verhältnissen auch fraglos eine gewisse Begründung. Im übrigen sind die Boote auch für den, der ihnen, gleichviel aus welchen Gründen, lediglich theoretisch gegenübersteht, schon insofern von Interesse, als sie mitten in einer kräftig vorwärts strebenden Entwicklung begriffen sind und noch keineswegs etwas Fertiges darstellen.

Die meines Wissens erste englische Kanu-Jacht, die den Weg auch in die deutsche Fachpresse fand, war die kleine „Eel" eines Mr. Holmes, und es ist festzustellen, daß das Boot schon damals ein außerordentlich hohes Interesse erregte. Wenn ich nicht irre, ist das Fahrzeug sogar wiederholt nachgebaut worden. Im übrigen stellt schon das bei uns allerdings wenig bekannte englische Werk „Yachts, Boats and Canoes" fest, daß vor allem die Herren des Humber-Yacht-Clubs sich nie mit den englischen Gewässern begnügt und schon im Jahre 1897 auch Deutschland besucht haben. Wobei der Verfasser besonders von der Ostsee als „einem der schönsten und reizvollsten Kreuzerreviere, die gefunden werden können", schwärmt.

Das Interesse, das diese Boote schon damals auch in Deutschland fanden, ist ohne Frage durchaus berechtigt und es ist nur zu sagen, daß sich die Fahrzeuge dieses Typs ebenso als gute und einwandfreie Seeboote gezeigt haben, wie sie verhältnismäßig schnelle und handige Fahrzeuge auch in Binnenrevieren darstellen.

Eine Frage, die einiges Nachdenken erfordert, wird gerade für unsere Verhältnisse die nach der zweckmäßigsten Takelage-Form, sein. Wie bekannt, hat man auch in der Heimat der Fahrzeuge bereits zur Slup bzw. zur Huari-Slup gegriffen, was für die Schnelligkeit in Binnengewässern zweifellos vorteilhaft ist, kaum aber auch für die See. Zu bemerken ist, daß man bei uns bekanntlich den langen Klüverbaum nicht sonderlich schätzt und sein Vorhandensein vielfach als einen Fehler wertet. Ich möchte mich dem für ein Reiseboot aber gar nicht so ohne Einschränkung anschließen. Ist diese Spiere nicht allzu lang, so dürfte sie selten ernstlich störend wirken, wohl aber kann sie, z. B. beim Anlegen an flacheren Uferstellen usw., gelegentlich recht nützliche — wenn auch schlimmstenfalls freilich entbehrliche — Dienste leisten. Im übrigen wäre es auch kaum ein Fehler, den Klüverbaum zur Anbringung von zwei Vorsegeln auszunützen. Die Arbeit damit ist für zwei Mann an Bord sicher nicht zu viel, zumal das Setzen und Bergen des Klüvers sehr bequem eingerichtet werden kann, und es ergeben sich aus dieser Einrichtung besonders für das Segeln auf See manche kleine Vorzüge.

Ein Kapitel für sich ist schließlich die Einrichtung solcher kleinen Kreuzer.

Die übliche Inneneinrichtung des modernen Kreuzers ist für ein solches Boot, wenn man wirklich auf längeren Fahrten behaglich darauf wohnen und schlafen will, naturgemäß nicht das Wünschenswerte. Es wird viel Erfahrung und viel Nachdenken, sicher gelegentlich auch manchen verfehlten Versuch kosten, bis man hier das Vollkommenste erreicht hat; aber für den echten Wandersegler wird das nur ein Reiz mehr sein.

Sitzhöhe ist reichlich vorhanden, und auch die beiden Kojen lassen sich mit leichter Mühe so unterbringen und einrichten (am besten als Klappbetten), daß sie weder die Behaglichkeit am Tage stören, noch des Nachts nur als Notbehelf erscheinen. Auch der Schwertkasten stört gerade in der kleinen Jacht, in der man sich ohnehin in der Kajüte nur sitzend oder liegend aufhalten kann, nicht so sehr wie in mittleren Fahrzeugen. Worauf es nun aber ankommt, ist in erster Linie die Unterbringung alles dessen, was man im Laufe des Tages gebraucht, in einer Form und Anordnung, die einerseits nicht die Ordnung und Behaglichkeit des kleinen Innenraums stört, andererseits aber auch keine Akrobatenstückchen von den Insassen verlangt.

Daß jedes, auch das kleinste Stück der Ausrüstung seinen eigenen und unveränderlichen Platz an Bord haben muß, daß dieser Platz so übersichtlich und sparsam wie möglich angeordnet sein, und daß schließlich der betreffende Gegenstand auf diesem Platz auch immer, so lange er nicht im Gebrauch ist, tatsächlich zu finden sein muß, ist zunächst und zuerst selbstverständlich. Weiter aber soll die Anordnung der Plätze für alle einzelnen Dinge so getroffen werden, daß alles — mindestens aber alles, was häufig und regelmäßig gebraucht wird — bequem vom Sitz aus zu erreichen und zu bedienen ist. —

Aus ganz denselben Erwägungen und Wünschen heraus ist nun bei uns in den letzten Jahren der Jollen-Kreuzer (der praktisch nichts anderes als das vorstehend beschriebene Boot darstellt) entstanden, mit dem wir uns hiernach wohl etwas eingehend zu beschäftigen haben.

Es entsteht dabei zunächst offenbar von vornherein die Frage, ob und inwieweit ein Jollenkreuzer wirklich eine „Jolle" sein muß. —

Selbst wenn man von dem bekannten Mindestverhältnis von Länge zu Breite als Charakteristikum für die Jolle Abstand nimmt, bleibt noch eine Menge übrig, was Jollenart ist, für den Kreuzer aber nicht einmal immer einen Vorzug bedeutet. Die echte Jolle, mag sie so „solide" auch in der Formgebung sein, wie sie will, wird immer ein flaches, kenterbares Schwertboot sein, und, wenn man streng sein will, auch ein offenes Boot, was tatsächlich bedeutet, daß es einen Jollenkreuzer mit fester Kajüte eigentlich gar nicht geben kann. Hat man sich aber bei der Namengebung für den hier in Rede stehenden Typ über solche Bedenken hinweggefunden — und der Name ist offenbar in der Tat sehr gut und glücklich gewählt —, so wird man das auch in der Praxis tun können. Ein Jollenkreuzer wird also diesen Namen behalten können (und gehört damit in den Rahmen der vorliegenden Betrachtung), auch wenn er zum größten Teil eingedeckt ist, vor allem aber auch, wenn er sogar auf das Schwert und die Möglichkeit des Kenterns verzichtet.

Schon diese einfache Betrachtung drängt aber auch sofort die Frage auf, ob eine derartige Annäherung an den kleinen Flossenkieler und seine Sondereigenschaften praktisch wünschenswert erscheint. Sie sei von vornherein dahin beantwortet, daß nach der persönlichen Ansicht des Verfassers tatsächlich mindestens der größere Jollenkreuzer mit fester Kajüte, wenn nicht theoretisch, so doch praktisch unkenterbar sein sollte.

Den sportlichen Wert kenterbarer Schwertboote wird kein Einsichtiger bestreiten, und es ist auch zweifellos richtig, daß die Gefährlichkeit solcher Boote selbst in Seglerkreisen gelegentlich stark übertrieben wird. — Ebenso sicher aber bedeutet die Kajüte

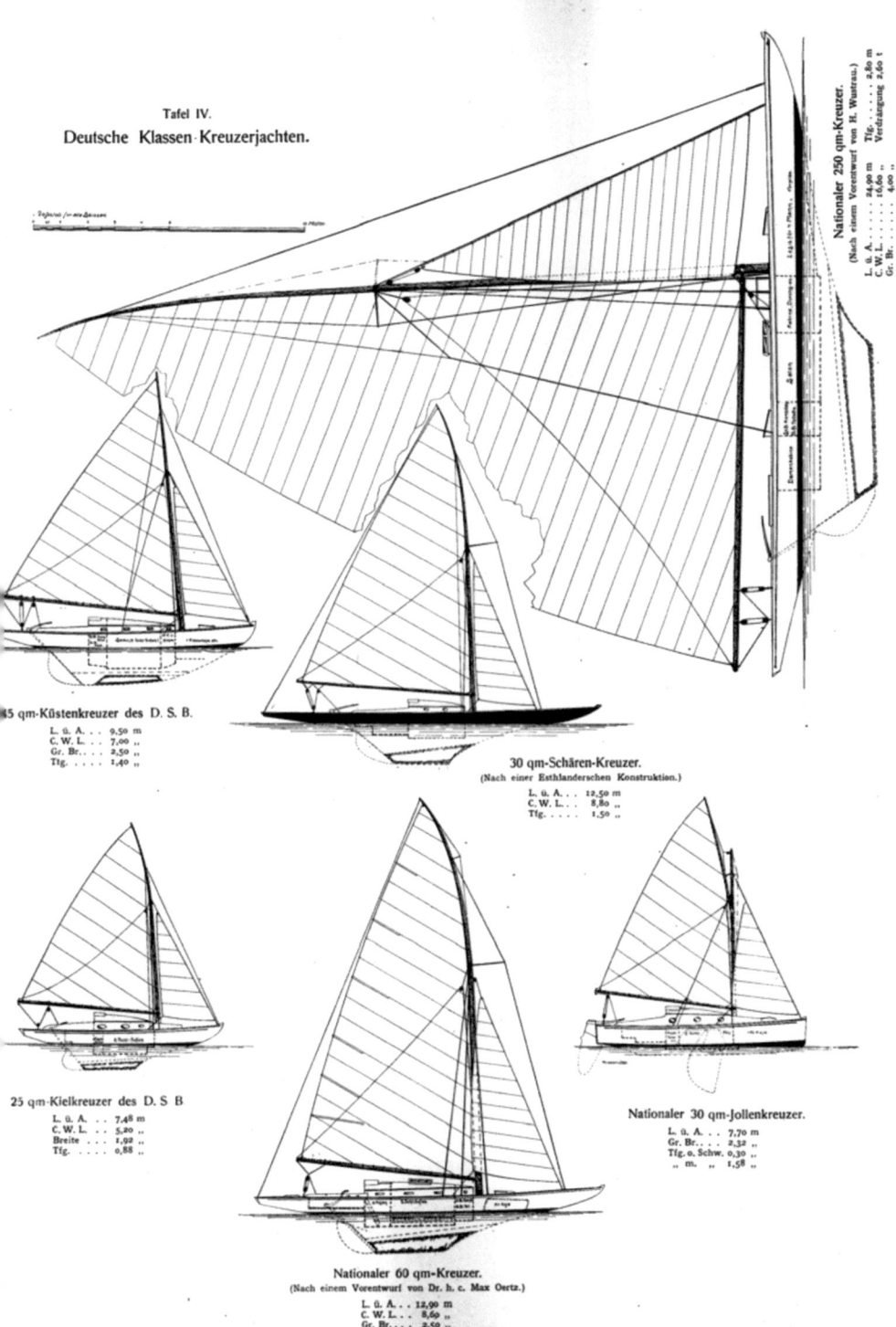

Tafel IV.
Deutsche Klassen-Kreuzerjachten.

auf einem kenterbaren Boot wirklich eine Gefahr, und zwar eine sehr ernste. Denn wenn sich, was in der Praxis keinesfalls immer zu vermeiden ist, bei einem plötzlichen Kentern des Fahrzeuges jemand in der Kajüte aufhält, so ist er unbedingt verloren, und diese Möglichkeit zu vermeiden, liegt auch im Interesse des Sports selbst. —

Der Verfasser ist auf die „Entrüstung" der zahlreichen Freunde dieses Typs gefaßt. Bei der augenblicklichen Beliebtheit gerade des Jollenkreuzers ist es in der Tat einigermaßen unvorsichtig, etwas gegen ihn zu sagen. Ob aber diese Vorliebe für den heutigen Jollenkreuzer — und vor allem eben für das reine Schwertboot dieser Art, das man, wie schon vielfach der Fall, auch umgekehrt „Kreuzer - Jolle" nennt — auf die Dauer vorhält, erscheint doch zweifelhaft.

Technisch ergibt sich aus dieser Forderung zweifellos der erste Konflikt.

Wir haben, um die praktische Unkenterbarkeit eines Bootes zu erreichen, die Wahl unter einer ganzen Anzahl stabilitätsfördernder Momente; Ballast (innen- und außenbords), Ballastschwert, große Breite, entsprechend hoher Freibord, und schließlich mäßige, wenn nicht kleine Besegelung. Es läßt sich auch durch gleichzeitige Anwendung verschiedener dieser Mittel zweifellos alles praktisch Erforderliche erreichen, ohne in Extreme zu verfallen. Eines aber wird sich dabei stets ergeben, — ein derartiges Fahrzeug wird, vom Standpunkt des Jollenseglers aus betrachtet, nicht unerheblich langsamer sein, als er dies für wünschenswert hält.

Das ist im Grunde nichts anderes, als, wie wir gesehen haben, der alte Gegensatz zwischen Kreuzer und Rennboot überall bietet. Verschärfend wirkt aber hier unstreitig die Tatsache, daß solche Jollenkreuzer überwiegend auch auf Binnengewässern gefahren werden sollen und hier doch wesentlich seltener Gelegenheit finden, ihre notwendige Widerstandsfähigkeit auch gegen rauhes Wetter zur Geltung zu bringen als auf See. Es herrscht hier im ganzen doch leichterer Wind vor, und da ist es doppelt unangenehm, mit der großen Mehrzahl der Mitsegler nicht Schritt halten zu können.

Immerhin wird, wer wirklich einen Kreuzer haben will, bis zu einer gewissen Grenze sich auch hier mit dieser Tatsache abfinden müssen. Es fragt sich aber offenbar, inwieweit es möglich ist, diesen Nachteil so gering als möglich zu gestalten, wobei noch zu berücksichtigen ist, daß man im allgemeinen die Forderung nach einem möglichst geringen Tiefgang aufstellen wird.

Von vornherein ist dabei meines Erachtens eine Beschränkung der Segelfläche so weit als möglich auszuschalten. Was natürlich nicht wirklich übertakelten Booten die Stange halten heißt! Eine reichliche Besegelung und ebenso alle Beisegel, die mit tatsächlichem Nutzen gefahren werden können, werden bei leichtem Wind die wünschenswerten Dienste leisten und sind, wenn der Wind zulegt, ebenso leicht zu verkleinern wie das kleine Rig. Daß man bei letzterem mit dem Reffen länger warten kann, ist richtig, aber es erscheint auch hier wieder reichlich optimistisch, dies als „handig" und „bequem" zu bezeichnen. Eine so anstrengende Arbeit stellt — besonders bei immerhin noch leichter Brise — das Eindrehen eines Reffs in ein Jollen-Großsegel doch wohl nicht dar, daß man deshalb auf die Nutzung der größeren Fläche bei Flaute verzichten müßte. Wer sich derart vor der „Arbeit" scheut, tut denn doch wohl besser, von vornherein zum Motor überzugehen. Selbstverständlich mit elektrischem Anlasser, damit er das Andrehen der Maschine erspart.

Bezeichnend und charakteristisch für den gesunden Jollenkreuzer, der bei alledem nicht „Kahn" sein soll, wäre demnach, bei einer im ganzen nicht zu klein bemessenen, aber leichten und wirklich handigen, d. h. leicht und schnell zu verkleinernden Besegelung, die praktische Unkenterbarkeit. Herbeigeführt durch mäßige Ballastmengen (auch wo er als Flossenkieler auftritt), aber reichliche Breite und nicht zu niedrigen Freibord. Wo die Verwendung in See vorgesehen ist, wird dabei für die Linienführung im allgemeinen eine weitgehende Annäherung an das Fischerfahrzeug des betreffenden Reviers — die übrigens auch mit Recht bei der nationalen Küstenjolle festzustellen ist — das Richtige und Wünschenswerte sein. — Im übrigen aber ist es schließlich eine offene Frage, ob man für reine Binnenfahrten den Jollenkreuzer, d. h. also die Kajüte, wirklich so unbedingt braucht.

Meiner Ansicht nach wird man, wo auf Seefahrten grundsätzlich verzichtet werden soll, mit der einfachen, also offenen Jolle im allgemeinen besser fahren. Sie kann immer ganz wesentlich schneller gemacht werden, und es kränkt doch, wenn man von vornherein gewissermaßen auf Lebenszeit verurteilt ist, am Tampen zu segeln.

Daß das Zelt, das in diesem Fall als „Kajüten-Ersatz" heran muß, den sicher nicht zu unterschätzenden Nachteil hat, nach Beendigung der Tagesfahrt erst aufgeschlagen werden zu müssen, während die Kajüte — sei sie so klein wie sie mag — in jedem Falle „da" ist — muß unweigerlich zugegeben werden. Es ist auch weiter nicht sehr reizvoll, wenn dies Aufbauen und Einrichten des Nachtquartiers möglichst in strömendem Regen vorgenommen werden muß und Zeltdecken und Enden steif wie Bretter und Eisenstangen sind. Es ist aber doch fraglich, ob dies alles nicht zu guter Letzt doch das kleinere Übel ist. In jedem Fall ergeben sich für die reine Jolle hier manche Vorzüge, die auch der Wandersegler schätzt, denn sie wird, um nur dies zu erwähnen, bei aller für Wanderfahrten wünschenswerten Solidität nicht nur immer schneller sein als der Kajütkreuzer, sondern auch meist mit **geringerem Tiefgang** auskommen, und damit über einen erheblich größeren und reizvolleren Verwendungsbereich verfügen.

Auch die Möglichkeit, die wirkliche Jolle **rudern** zu können, sollte nicht so achtlos beiseite gesetzt werden. Gewiß „kann" man (was freilich die für das Binnenboot immerhin nicht unwichtige Renntätigkeit ausschließt) auch im Jollenkreuzer den Hilfsmotor haben. Ob aber ein derartiges Fahrzeug dann wirklich das erträumte Ideal darstellt, erscheint doch reichlich zweifelhaft. —

Im übrigen kann gerade in dieser Beziehung nur darauf hingewiesen werden, daß im Segelsport die Möglichkeiten der behelfsmäßigen Kajüte noch keineswegs auch nur annähernd erschöpft sind, wofür, um nur ein Beispiel anzuführen, das sogenannte „amerikanische" Verdeck den Beweis liefert. Seine Bereitstellung ist tatsächlich eine Arbeit von wenigen Minuten, wobei die ganze Einrichtung beim Nichtgebrauch nicht nur unsichtbar, sondern auch so angeordnet werden kann, daß sie absolut trocken bleibt, und die Bequemlichkeit des Aufschlagens ist in jüngster Zeit sogar noch wesentlich erhöht worden. Man kann heute tatsächlich in aller Ruhe sitzenbleiben und das ganze Klappverdeck mit Hilfe einer einfachen Spindel in aller Gemütsruhe hochkurbeln, ohne sich im geringsten anzustrengen. Gewiß alles, was billigerweise zu verlangen ist. Seiten- und Vorderteile sind mit leichter Mühe und vor dem schlimmsten Regen schon geschützt, von innen zu befestigen, und das Ganze besitzt den großen Vorzug, im Querschnitt nicht spitzgiebelig zu sein, wie das Zelt über dem Baum, bei dem die — ganze oder teilweise — Stehhöhe nur gerade in der Mitte zu erzielen ist.

Daß die eigentliche „Innen"-Einrichtung (wenn man diese Bezeichnung bei einem offenen Boot anwenden darf), also Betten, Kocheinrichtung und sonstige zur Behaglichkeit nach dem Segeln zählende Dinge, auf dem offenen Boot sehr gut untergebracht werden kann, versteht sich eigentlich von selbst. Trotzdem ist auch hier die Zahl derer kaum schon allzu groß, die wirklich Praktisches geschaffen haben und schaffen. — Auch hier benutzt gerade der Segler viel zu wenig das, was z. B. für Tropen-Expeditionen und ähnlichen Unternehmungen von einer eigenen großen Industrie geschaffen worden ist.

So wird sich ein sehr brauchbarer, bequemer und solider Tisch, das zusammenlegbare Waschbecken und manches andere immer nützlich erweisen, und vieles ist auch leicht mit Hilfe eines tüchtigen, kleinen Reparatur-Tischlers selbst herzustellen, was angesichts der geforderten Preise, bei denen das „Patent" mitbezahlt werden muß, immerhin lohnend erscheint.

Besonders kann dabei für das offene Reiseboot der Schlafsack empfohlen werden, der, wenn er mit aufblasbarer Matratze gewählt wird, die Verwendung einfacher Holzbänke gestattet. Im Hinblick auf etwaige Regenschauer während der Fahrt ein nicht zu unterschätzender Vorzug. Wer nicht sehr abgehärtet und unempfindlich ist, wird in einem guten Schlafsack immer am besten vor den Einflüssen kühler und feuchter Nächte auf dem Wasser geschützt sein, und er nimmt kaum mehr Platz in Anspruch als die Decken, die nächstdem viel sorgfältiger vor Nässe geschützt werden müssen. — Daß man den Schlafsack mit leichter Mühe mitnehmen kann, wenn man gelegentlich einmal an Land nächtigen will, dürfte dem Kundigen, auch soweit er dabei nicht an ein Zeltlager denkt, als ein weiterer Vorzug erscheinen. Es gibt immer noch Gegenden, wo man Bettwäsche findet, der empfindsamere Gemüter sich nur schweren Herzens anvertrauen.

Daß man schließlich mit diesem „Kajüten-Ersatz" auch auf See auskommt, hat manche Küstenjolle überzeugend genug bewiesen. Eine wirkliche Notwendigkeit wird die Kajüte erst dann, wo man mit längeren Segeltörns auch nachts rechnet oder rechnen muß.

Während der Fahrt läßt sich unter Segel selbstverständlich weder ein Zelt noch ein Klappverdeck benutzen. Andererseits ist es aber auf die Dauer in solchen Fällen unumgänglich, dem Freiwächter die Möglichkeit zu gewährleisten, seine Zeit wirklich zur Ruhe auszunutzen, wenn man in einem längeren Zeitraum ernsthaft schlechten Wetters nicht schließlich ein Versagen riskieren will. Hier hilft unfraglich nur die Kajüte. Man wird aber gut tun, sie räumlich so weit zu beschränken, als möglich und angängig ist.

Auch hier sind die letzten Gedanken von unseren Eignern und Konstrukteuren noch kaum durchweg erfaßt worden.

Die „große" Kajüte hört auf, wirklichen Wert zu haben, sobald nicht wenigstens — allerwenigstens — unter Niedergangskappe und Decklicht knappe, aber jedenfalls ausreichende Stehhöhe geschaffen werden kann. Sobald dies nicht mehr der Fall ist, wird sie ein Unterschlupf, der den offenen, die freie Bewegung allein in Betracht kommenden Raum so wenig als möglich beschränken sollte, dies aber nicht selten in erheblichem Umfange tut. In der Tat braucht man kaum mehr als einen Kajütsaufbau, der so niedrig wie möglich bleibt und zu dessen Länge die Körpergröße des Eigners das Maß liefert, wobei es keinesfalls schadet, wenn die Füße ein Stück in das Vorderschiff hineinreichen. Mehr als zwei Schlafplätze in der Kajüte heißt grundsätzlich dem Typ Gewalt antun.

Abb. 30. Salon-Ecke in einer Kreuzerjacht.

Im übrigen wird gerade beim Jollenkreuzer die Individualität des Eigners in weitgehendstem Maße zur Geltung kommen sollen und müssen, wenn das Boot Freude machen soll. Nur von den Linien lasse man die Hand, die Aufgabe des Konstrukteurs wird ohnehin in jedem Fall schwierig genug sein.

Von besonderer Bedeutung gerade für den Jollenkreuzer dürfte schließlich die Kajüte mit beweglichem Deck sein, die zweifellos ein Mittel bildet, die widerstreitenden Interessen vieler Eigner solcher Fahrzeuge unter einen Hut zu bringen.

Es ist über diese Einrichtung schon manches gesagt und geschrieben worden, ihre Freunde wie ihre Gegner vergessen aber meist, daß es sich dabei eben grundsätzlich um einen Notbehelf handelt, der gewisse, mit der geringen Größe des Bootes an sich verbundene Mängel ausgleichen soll, so gut das überhaupt möglich ist. Wo man mit einer stabilen Konstruktion auskommen kann, wird diese ganz selbstverständlich von vornherein vorzuziehen sein, wie denn das größere Boot nun einmal überhaupt eine Reihe von Vorzügen besitzt, die sich durch ,,Patent"-Einrichtungen nur in beschränktem Maße erreichen lassen, wo die absolute Größe fehlt.

Die Konstruktion einer solchen ,,Harmonika"-Kajüte ist an sich sehr einfach und läßt sich ohne Schwierigkeiten auch nachträglich durchführen. Immerhin wird man gerade beim Jollenkreuzer den Gedanken in besonderer Form auswerten können, um das Fahrzeug dem offenen Boot so weit als möglich anzunähern.

Zunächst ist auch hier zu berücksichtigen, daß die Längenausdehnung der Kajüte sich in sehr bescheidenen Grenzen halten darf. Die Kojenbänke können ohne weiteres zu beträchtlichem Teil unter dem festen, eigentlichen Deck liegen, und es dürfte in allen Fällen ausreichen, wenn der Raum unter dem beweglichen Deck lang genug ist, um neben ein paar Schränken vier Personen das Sitzen zu gestatten. Das leichte Kajütdeck liegt über dem Plichtrande und stützt sich mit Hilfe einer breiten Leiste auf das Deck des Bootes selbst, wo eine einfache Halbrundleiste Abdichtung und spurfeste Lagerung bietet. Im Raum zwischen Plichtrand und seitlicher Deckleiste liegt gefaltet die Segeltuchseitenwand, die sich beim Heben des Kajütdecks streckt. Einfache Stützen, die aber, wenn man will, auch durch kompliziertere Einrichtungen (Nürnberger Schere, Schraubspindeln usw.) ersetzt werden können, halten das Deck in Hochstellung fest, und die Aufstellung bzw. Niederlegung des Ganzen ist tatsächlich eine Arbeit weniger Augenblicke und kommt als solche eigentlich wirklich kaum in Betracht. Bemerkt sei noch, daß die Verwendung von Schraubenstützen für ein solches Deck (es sind dabei verschiedene Konstruktionsmöglichkeiten gegeben) zwar keine Notwendigkeit ist, aber durchaus nicht unnütz erscheint. Man gewinnt dabei die Möglichkeit, das Deck (besser sagte man wohl hier etwas unseemännischer ,,Dach") in jeder Höhe festhalten zu können. Wie gesagt, keine unbedingte Notwendigkeit aber doch eine zweifellose Annehmlichkeit, denn man wird, wenn etwa ein Mann während des Segelns die Augen schonen will, auch unter das niedergelegte Deck kriechen können.

Ein wunder Punkt aller derartigen Konstruktionen ist naturgemäß die Segeltuch-Seitenwand, die durch das fortwährende

Falten (besonders wenn sie naß ist, was kaum immer zu vermeiden sein wird) nicht eben besser wird. Es dürfte hiergegen aber kaum ein Kraut gewachsen sein. Theoretisch ließe sich freilich auch eine leichte Holzseitenwand mit dem Kajütsdeck verbinden, die durch einen Schlitz im Bootsdeck bis auf den Fußboden hinunterreicht. In der Praxis dürfte es aber, von anderem ganz abgesehen, erhebliche Schwierigkeiten mit der Wasserdichtigkeit geben. Auch die Anwendung leichter, jalousieartiger nebeneinander liegender Holz- oder besser Metallplatten dürfte kaum den Anforderungen der Praxis standhalten, und man wird auf die feste Seitenwand nur da zurückgreifen können, wo man mit einer Erhöhung des Kajütsdaches um ein Geringes auskommen kann, so daß die ganze Konstruktion über Deck bleibt.

Der grundlegende Vorzug der Kajüte vor allen noch so praktischen Zelteinrichtungen ist zweifellos — wenigstens in ausreichendem Maße — auch der Kajüte mit beweglichem Deck eigen; die ganze Einrichtung mit Sitzen und Lagern und allem sonstigen Zubehör ist ein für allemal vorhanden. Das Aufstellen des Kajütdachs ist, auch einschließlich des notwendigen Auftoppens des Großbaumes, wirklich nicht als „Arbeit" zu rechnen, und es kommt als sehr wichtig hinzu, daß man, wie schon angedeutet, zur Not die Kajüte, wenigstens zum Schlafen, auch bei niedergelassenem Deck benutzen kann. Daß besonders das letztere einen ganz bedeutenden Vorzug darstellt, wird jeder Praktiker selbst wissen. Es ist nicht zu unterschätzen, wenn man die Möglichkeit hat, sich gelegentlich auch einmal tagsüber und während der andere Mann den Dienst am Ruder versieht, zurückziehen zu können und ein Stündchen „nachzudenken", ohne dabei ausschließlich und unter allen Umständen auf die Fußbodenbretter als Unterlage angewiesen zu sein. Im übrigen zeigt sich auch hier, daß der Jollenkreuzer — wie das kleine Fahrtenboot überhaupt — das ureigenste Gebiet des Praktikers ist, soweit die Einrichtung in Betracht kommt.

Es ist keineswegs der unwesentlichste Reiz des Segelns dieser Art, daß sein richtiger Jünger kaum jemals mit seinem Boot „fertig" ist. Er wird immer finden, daß hier oder dort eine noch praktischere Einrichtung getroffen, noch etwas aus der Erfahrung heraus verbessert werden kann, und die natürliche Folge ist, daß niemand so vertraut und verwachsen mit seinem Fahrzeug ist, wie gerade der Eigner eines kleinen Wanderbootes. Das gilt uneingeschränkt übrigens auch für die Besegelung, und es ist so verständlich (der Wunsch, die eigene Ansicht als maßgebend hinzustellen, gehört nun einmal zur menschlichen Eigenart) wie töricht, wenn gelegentlich in unseren Fachblättern diese oder jene Einrichtung mit Ernst und Eifer als das Allein-Seligmachende gerade für den Fahrtensegler hingestellt wird.

Zum Schluß dieses Abschnittes mögen einige Risse folgen. Das Retzlaffsche Meerschweinchen III paßt noch in die Längen- und Breitenmaße der Vermessungsbestimmungen des Deutschen Kanu-Verbandes und darf trotz des mangelnden Kanhecks beinahe

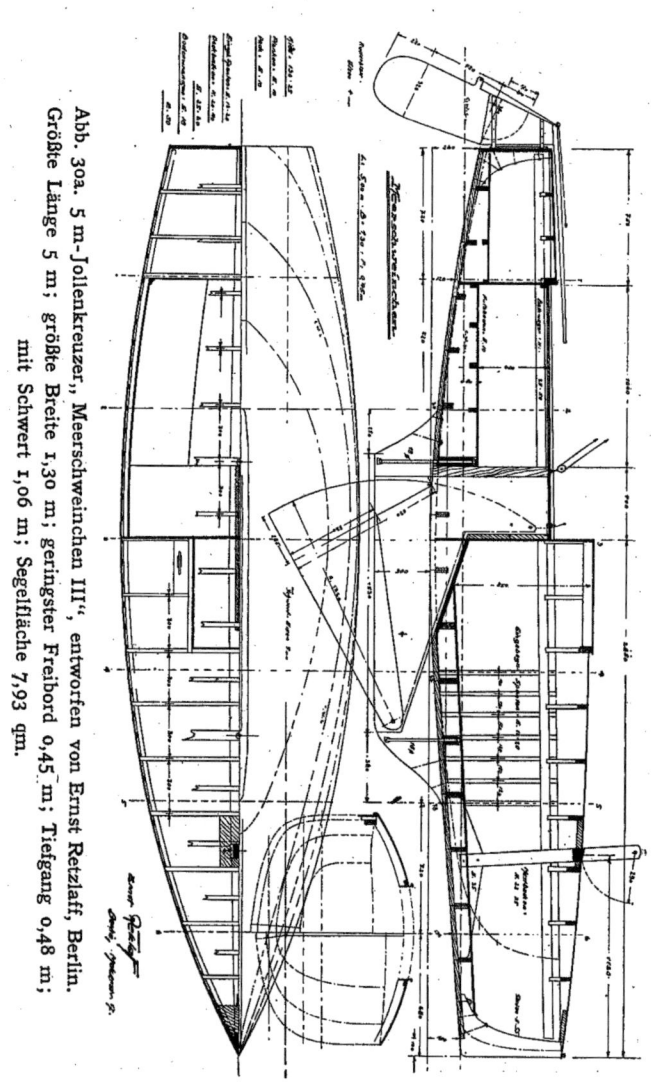

Abb. 30a. 5 m-Jollenkreuzer, „Meerschweinchen III", entworfen von Ernst Retzlaff, Berlin. Größte Länge 5 m; größte Breite 1,30 m; geringster Freibord 0,45 m; Tiefgang 0,48 m; mit Schwert 1,06 m; Segelfläche 7,93 qm.

noch als Kanukreuzer, zum mindesten aber als eine Überleitung zum reinen Kanukreuzer angesehen werden.

Der wirkliche Kanukreuzer verdankt seine Entwicklung dem auch in Deutschland nicht unbekannten englischen Kanusegler George F. Holmes. Diese Entwicklung stellt sich am besten in Mr. Holmes eigenen Booten „Cassy", „Ethel", „Eel" und „Snippet" dar.

„Eel", das erste Boot dieser Reihe mit einer richtigen wenn auch sehr kleinen Kajüte, war eine Kanu-Jawl, deren Zeichnungen

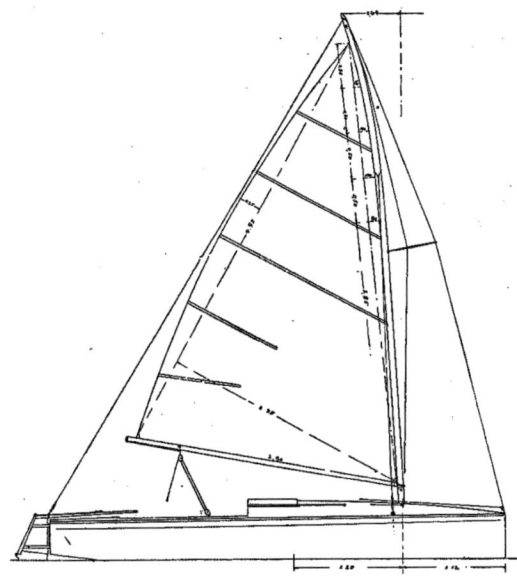

verschiedentlich in der Fachpresse veröffentlicht wurden und manchem älteren deutschen Segler gewiß noch bekannt sein werden.

„Eel" wurde verschiedentlich, auch in Deutschland, nachgebaut, und der Typ ist weiter entwickelt worden, so daß der nächste Riß eine kleine Jacht, wie sie doch wohl schon bezeichnet werden darf, vom Reißbrett des in England bekannten Konstrukteurs C. Padgett Hodson wohl als einer der modernsten Vertreter seiner Gattung angesehen werden darf. Die Sluptakelage ist für den englischen Einhandsegler zugeschnitten, der immer noch Rollreff und Rollfock bevorzugt.

Das Innere des kleinen Kreuzers ist von einer überraschenden Geräumigkeit. Der kleine 6—8 P. S. - Zweizylinder - Zweitakt-Brunton-Motor ist recht geschickt eingebaut. Er stört im Sitzraum so gut wie gar nicht und ist doch von allen Seiten bequem zugänglich.

Das Mittelschwert verdient besondere Erwähnung. Zunächst kann es neben dem kleinen untergeholzten gußeisernen Ballastkiel als Mehrer der Gewichtsstabilität angesehen werden; besteht es doch aus einer stählernen Platte von nicht weniger als 22 mm Dicke. Infolge seiner messerartigen Form wird der Schwertkasten in der Kajüte überhaupt nicht als störend empfunden werden; das Schwertfall, biegsames Bronze-Drahtseil oder dünne Kette, läuft über eine Rolle am Poller unter dem Kajütsfußboden durch zu einer kleinen Handwinde im Sitzraum.

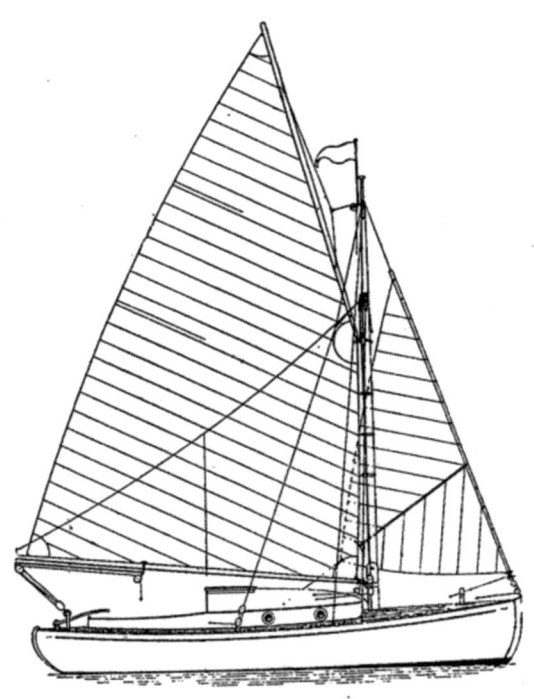

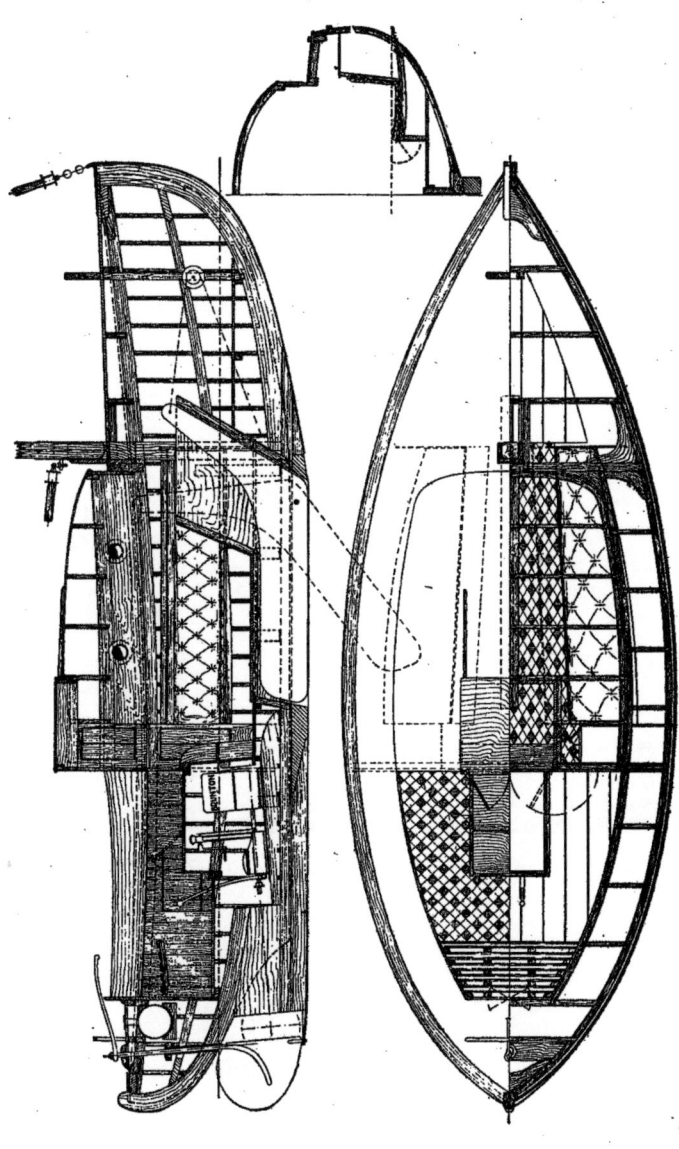

Abb. 30b. 6,55 m-Kanukreuzer mit Hilfsmotor. Entworfen von C. Padgett Hodson, London. Maßstab der Pläne 1:50, des Segelrisses 1:100. Größte Länge 6,55 m; Länge in der Wasserlinie 5,85 m; größte Breite 2,34 m; geringster Freibord 0,50 m; Tiefgang 0,61 m; Tiefgang mit Schwert 1,37 m; Großsegel 17,25 qm; Rollfock 4,25 qm; Am-Wind-Segelfläche 21,50 qm.

7 m-Jollenkreuzer.

Der beistehend abgebildete Jollenkreuzer hat sich auf Wanderfahrten gut bewährt. Es können 3 Personen bequem untergebracht werden. Auch als Rennboot ist er sehr schnell und erfolgreich gewesen.

Auf diesem Jollenkreuzer ist der erste Versuch gemacht, alle Beschläge vom Toppbeschlag herunter bis zu den Befestigungsschrauben aus Nirostastahl anzufertigen. Dieser Versuch ist als

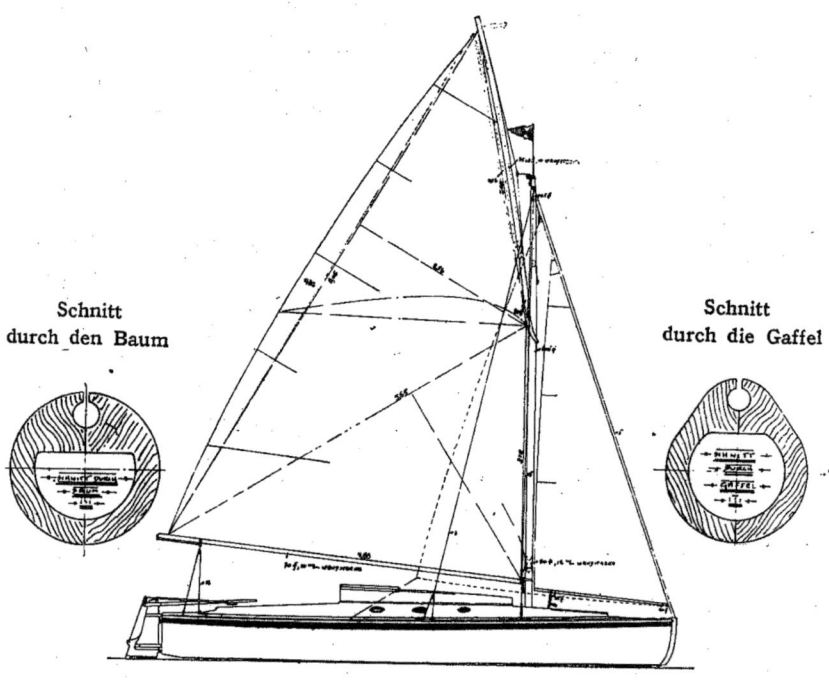

Schnitt durch den Baum

Schnitt durch die Gaffel

glänzend gelungen zu bezeichnen, und die Beschläge waren am Schluß des Sommers glanzpoliert wie beim Anschrauben. Es hat sich also der peinlich teure Anschaffungspreis gelohnt.

Der 9 m lange Jollenkreuzer ist frei von allen Klassenvorschriften, nach Rissen des Jachtkonstrukteurs Adolf Harms gebaut. Dem Eigner war die 25 qm-Kreuzerjolle des Deutschen Segler-Verbandes zu kurz, und so entschloß er sich aus diesem Grunde zu einem klassenlosen Boot, das lediglich für sonntägliche Fahrten und Ferienreisen auf unseren Binnengewässern bestimmt sein sollte.

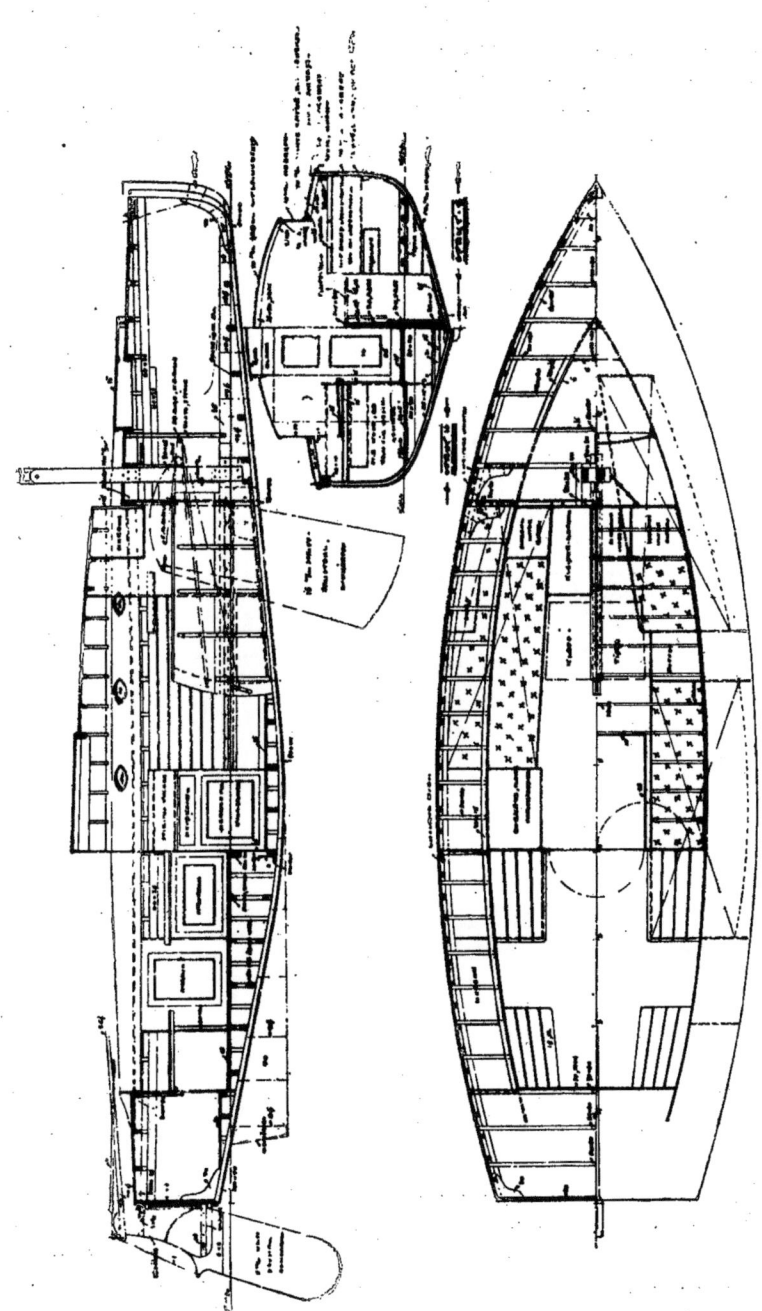

Abb. 30c. 7 m-Jollenkreuzer, entworfen von A. Harms, Berlin-Tempelhof. Länge über alles 7 m; größte Breite 2,20 m; Tiefgang 0,39 m; Tiefgang mit Schwert 1,18 m; Großsegel 21 qm; Vorsegeldreieck 4 qm; vermessene Segelfläche 25 qm.

Das Fahrzeug ist im Gegensatz zu anderen Jollenkreuzern mit zwei wasserdichten Schotten versehen, so daß beim Kentern, was an sich beinahe unmöglich ist, das Schiff unter allen Umständen schwimmen und auf dem Wasser wieder leer gepumpt werden kann.

Zur Fortbewegung ohne Segel ist ein 2½ P. S. Zweizylinder-Einbaumotor ,,Pirat" vorgesehen, der dem Kreuzer eine Geschwin-

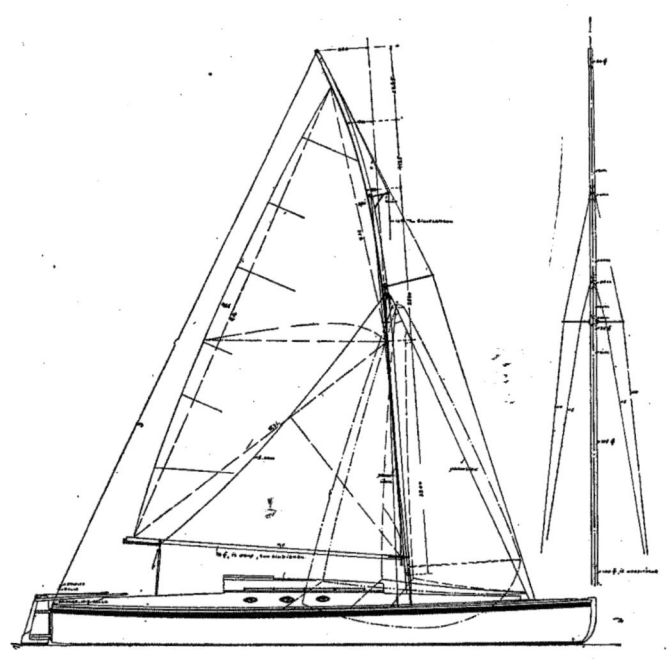

digkeit von etwa 9 km je Stunde verleihen wird. Die vollständige Motorenanlage wiegt rund 40 kg, so daß eine nennenswerte Belastung dadurch nicht entsteht.

Vorgesehen sind vier Schlafplätze, eine Anrichte, ein Kleiderschrank, zwei Geschirrschränke und ein Wäscheschrank, außerdem Borde und allerlei Stauraum, so daß ein bequemer Aufenthalt für eine vierköpfige Familie auch während einer längeren Ferienreise gewährleistet ist.

Als besondere Eigentümlichkeit ist noch zu erwähnen, daß der Mast unten geballastet ist, so daß man ihn bequem mit einer Hand auch ohne Jütt legen kann, bei wenig Wind oder in Deckung sogar mit stehendem Großsegel.

Die wasserdichten Abteilungen sind zur Zugänglichkeit und zu Lüftungszwecken mit Luken versehen und dienen zugleich als Stauraum.

Die Höhe unter dem Kajütaufbau beträgt 1,30 m, so daß gute Sitzhöhe gewährleistet ist.

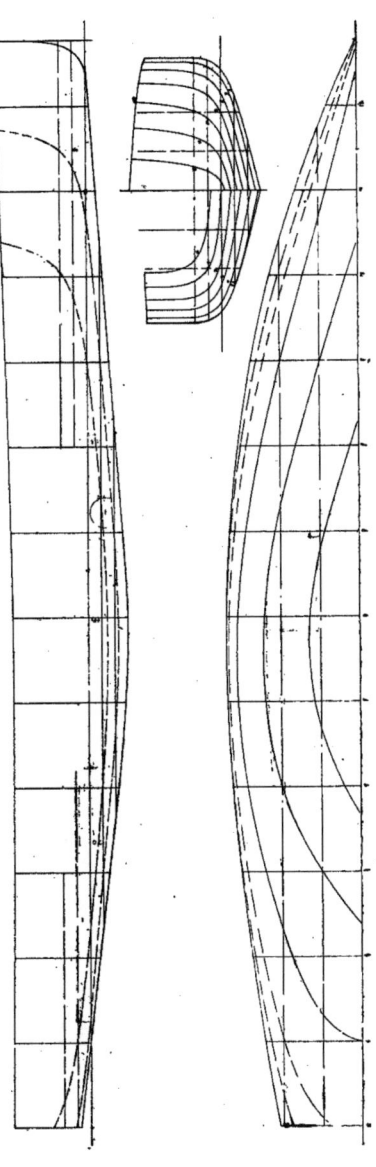

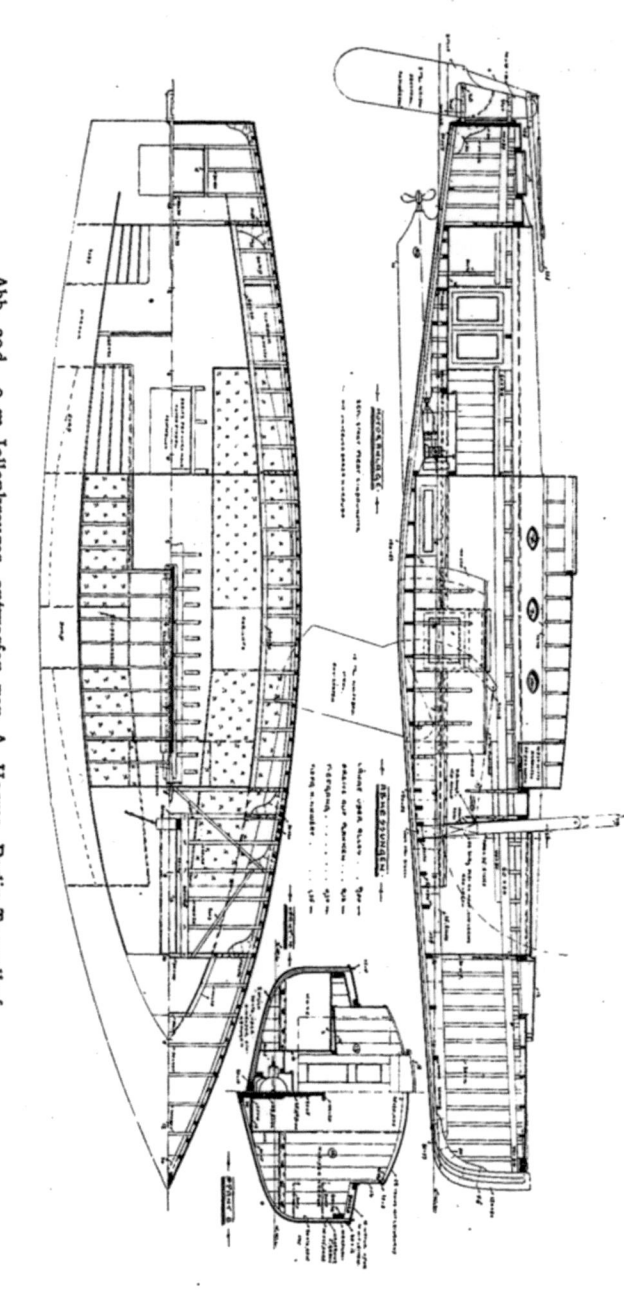

Abb. 30d. 9 m-Jollenkreuzer, entworfen von A. Harms, Berlin-Tempelhof. Maßstab 1 : 60. Größte Länge 9 m; größte Breite 2,16 m; geringster Freibord 0,60 m; Tiefgang 0,34 m; Tiefgang mit Schwert 1,35 m; Großsegel 20 qm; Vorsegeldreieck 5 qm; vermessene Segelfläche 25 qm.

IV. Die Takelage der Kreuzer-Jacht.

Wie schon in der Einleitung kurz erwähnt wurde, ist die Besegelung des reinen Kreuzers ein sehr wichtiges Kapitel, das eine gesonderte Behandlung im Rahmen dieses Buches durchaus verdient.

In erster Linie spielt heut auch hier der Einfluß des Rennbootes eine sehr große und keineswegs immer wünschenswerte Rolle. Selbst da oft, wo bei der Formgebung des Rumpfes bewußt und gewollt dies wirklich rein Kreuzermäßige erstrebt wurde, denkt man vielfach nicht daran, daß es damit allein nicht getan ist. —

Die immer schärfer werdende Konkurrenz im Rennsegeln, Hand in Hand mit der Tatsache, daß der Schiffbau aus einer Art von handwerksmäßiger Kunst sich immer mehr zu einer verfeinerten Wissenschaft entwickelte, hat dafür gesorgt, daß man hier sehr bald auch die Fortbildung der Takelage mit Eifer betrieb, was um so näher lag, als das Streben nach möglichst großer und absolut wirksamer Segelfläche eigentlich von selbst gegeben erscheint.

Ganz zweifellos berechtigt war dabei in erster Linie das allgemeine Streben nach größtmöglicher Leichtigkeit der Takelage.

Das Eigengewicht von Mast und Spieren ist einmal an sich eben nur ein notwendiges Übel, und es tritt nächstdem ebenso sicher bei jedem Boot (also auch beim reinen Kreuzer) um so unangenehmer in die Erscheinung, je höher es über der Wasserlinie liegt. Es ist hierin offenbar ein nicht zu unterschätzender Vorzug der losen Stenge begründet, die bei Nichtgebrauch an Deck wandert, und so das Topgewicht ebenso wie den Windfang verringert.

An sich ist unter diesen Umständen vor allem gegen die Verwendung hohler Masten und Spieren, die, wie schon erwähnt, sehr alt ist, auch beim reinen Kreuzer nicht das mindeste zu sagen. Die Rücksicht auf die erforderliche Festigkeit darf, ja soll eigentlich überall das einzige Moment sein, was dem Streben nach möglichster Leichtigkeit der Takelage Grenzen setzt. Überflüssiges ist hier immer und auch beim „dicksten" Kreuzer etwas, was man vermeiden sollte.

In letzter Zeit nun hat dies durchaus gesunde und berechtigte Streben nach einer wirksamen Besegelung bekanntlich zur sogenannten Hochtakelage geführt. An sich etwas sehr Naheliegendes und schließlich gleichfalls keineswegs eine Erfindung der Neuzeit. Das gaffellose Segel dieser Art existiert in den verschiedensten Formen und Verbindungen seit undenklichen Zeiten, selbst in der Erwerbsschiffahrt, und auch der Wandersegler, der hier mittun will, kann also nicht beanspruchen, unter die Bahnbrecher gerechnet zu werden.

Eine wissenschaftliche Untersuchung der Frage, ob und inwieweit all die Vorzüge tatsächlich zutreffen, die seine Anhänger dem gaffellosen Segel nachrühmen, würde beträchtlichen Raum beanspruchen. Sie würde aber auch zwecklos, weil allzu theoretisch sein. Sicher ist jedenfalls, daß mindestens einer dieser Vorzüge dem Segel tatsächlich eignet: Es besitzt (dies dürfte der Kern vieler „wissenschaftlicher" Erklärungen sein) verhältnismäßig mehr Fläche, die für die Fortbewegung nutzbar wird. Schon allein das sogenannte Auswehen der Gaffel (das durch ein geringes Gewicht dieser Spiere und andere Maßnahmen zwar etwas vermindert werden kann) beeinträchtigt die nutzbare Fläche des Segels zweifellos stark, und es ist sicher ein Vorzug, wenn dies vermieden wird. Im übrigen ist ein weiterer, unbestreitbarer Vorzug des Hochsegels auch für den Kreuzer darin zu erblicken, daß man selbst sehr respektable Böen mit Vollzeug bequemer als mit dem Gaffelsegel abwettern kann. Allerdings sollte der Mast dann verhältnismäßig stark und sehr gut abgestagt sein, wodurch der Gewichtsvorteil allerdings etwas beeinträchtigt wird.

Den vielen unbestreitbaren, ja auch unbestrittenen, Vorzügen stehen natürlich auch gewisse Nachteile gegenüber, die nicht geleugnet werden sollen, die in ihren Auswirkungen aber durch die ständig an der Verbesserung der Hochtakelung und ihrer Einzelheiten arbeitenden Jachtbautechnik allmählich ganz ausgeglichen werden dürften.

Die Hochtakelung ist heute noch eine Sache, die wirklich einwandfrei nur von unseren bedeutenderen Werften oder von den auf diesem Gebiete besonders erfahrenen Jachtkonstrukteuren angefertigt bzw. durchkonstruiert werden kann.

Die normale Gaffeltakelung ist dadurch, daß sie nun Jahrzehnte hindurch auf vielen Tausenden von Jachten in Gebrauch ist, in all ihren Einzelheiten so sehr Gemeingut aller Beteiligten geworden, daß schlechterdings kaum noch etwas falsch gemacht werden kann.

Ganz anders bei der Hochtakelung: allein schon die Dimensionierung des Mastes und seine handwerkliche Herstellung, ferner seine Abstagung und Verspannung birgt so viel Fehlerquellen, daß hierdurch bereits die ganze Hochtakelung in Frage gestellt werden kann.

Auch bei der Formgebung, d. h. der Krümmung des Hochmastes, werden leicht Fehler gemacht, und es möge hier besonders darauf hingewiesen werden, daß wirkliche Kreuzerjachten nur mit geraden, im richtigen Winkel nach achtern schräggestellten Masten versehen werden sollten. Einmal treten beim Arbeiten der Jacht in Seegang nur geringe Knickbeanspruchungen am Mast auf, andrerseits wird auch das Hochsegel beim Reffen nicht seinen guten Stand einbüßen.

Eine sehr wichtige Sache bei der Hochtakelung ist die der Gleitvorrichtung des Großsegels am Mast. Das einfachste ist auch hierbei das zweckmäßigste. Grundsätzlich möge man darauf achten, daß nur solche Schlitten oder Reiter verwendet werden, die möglichst geringe Reibungsflächen bieten. Lange Schlitten mit großer Auflage neigen sehr leicht dazu, zu klemmen und sind die größte Gefahr für die Sicherheit der Jacht und ihrer Besatzung. Das Großsegel muß kommen, wenn man es bergen will!!

Wie wir sehen, liegt hierin die kritische Stelle der Hochtakelung. Da die Angelegenheit aber eine rein technisch-mechanische ist, wird sie auch einwandfrei zu lösen sein, um dann Allgemeingut zu werden.

Bisher muß man die Hochtakelung noch als Domäne der bereits oben erwähnten bedeutenderen Werften und Jachtkonstrukteure bezeichnen.

— Alle anderen schlechten Eigenschaften, die man der Hochtakelung noch teilweise anheften möchte, sind nicht ernst zu nehmen, am wenigsten der ihrer Unbrauchbarkeit bei schwerer See und bei gerefftem Großsegel, wenn die lange kahle Spiere weit über den Kopf des Segels hinausragt. Auch dann noch stehen die Schwergewichtsverhältnisse der Hochtakelung in nichts der Gaffeltakelung nach.

Beide Besegelungsarten haben ihre Vorzüge und Nachteile; durch die allmählich fortschreitende technische Verbesserung der Hochbesegelung wird diese eine immer größere Vollkommenheit erreichen. Vielleicht wird sie auch eine Überlegenheit gegenüber der Gaffeltakelung erringen, der großen Verbreitung nach scheint sie bereits auf dem Wege dazu zu sein, und man prophezeit ihr, daß sie sich das Feld der Kreuzersegelei genau wie das der Rennsegelei erobern wird. Es gibt natürlich Gegner, die grundsätzlich nichts von der Hochtakelung wissen wollen.

Darüber hinaus braucht man sich aber gar nicht bis zu den modernsten Problemen zu versteigen, um den Punkt zu finden, an dem die Wege von Renn- und Wandersegler sich auch auf diesem Gebiet grundsätzlich scheiden sollten. Es ist eine unbestreitbare Tatsache, daß sowohl die absolute Schnelligkeit wie die Fähigkeit, hoch am Wind zu segeln, um so höher sind, je weniger die gegebene Segelfläche unterteilt ist. Nicht nur ist in dieser Hinsicht der Kutter der Yawl und diese der Ketsch zweifellos unterlegen, sondern es läßt sich ohne Frage auch für die Kutterbesegelung selbst ein Unterschied konstruieren, der davon abhängig ist, inwieweit hier das Großsegel im Verhältnis zur Gesamtsegelfläche die Hauptrolle spielt. Mit anderen Worten: man wird auch eine gewisse Überlegenheit in dieser Hinsicht für die Sluptakelage dem reinen Kutter gegenüber feststellen können, bzw. es ist für den Kutter vorteilhaft, so viel Fläche wie möglich in das Großsegel zu legen.

Konstruktiv wirkt sich das dahin aus, daß der Mast soweit als möglich nach vorn wandert, der Baum so lang als möglich wird und weit über das Heck hinausragt, während das Topsegel zu einer oft lächerlich bescheidenen Größe zusammenschrumpfte.

Es soll, wie gesagt, gar nicht bestritten werden, daß für das Rennboot diese Bestrebungen eine gewisse Berechtigung haben. Daß sie nicht frei von Ausschreitungen geblieben sind, die auch beim Rennsegeln als solche empfunden wurden, beweist die Tatsache, daß sich die Vermessungsbestimmungen recht intensiv mit ihnen beschäftigen und vielfach einfach das Verhältnis von Großsegel zu Amwindfläche zahlenmäßig begrenzen und festlegen. Für den Wandersegler, der längere Seereisen machen will, bedeutet nun aber ein Folgen auf dieser Bahn genau denselben Fehler, wie die Adoptierung rennmäßiger Rumpf-Formen. Ein Kutter (oder auch ein Boot mit einer der heut beliebten slupartigen Kuttertakelagen) wird nie ein wirkliches Seeboot sein, wenn sein Mast nicht auf mindestens $1/3$ der W. L.-Länge (besser $3/5$!) von vorn im Schiff steht und wenn nicht sein Großbaum so kurz bleibt, daß die Nock mindestens bequem vom Heck aus zu erreichen ist. — Besser ist, sie ragt überhaupt nicht über das Heck hinaus.

Das bedeutet unfraglich ein Einschränken der Möglichkeit hoch anzuliegen, bedingt, wenn die ganze Takelage vernünftig bleiben soll, eine große Fock und möglichst einen Klüver, dazu aber auch ein angemessen großes Topsegel. Gerade das alles aber ist für ein wirkliches Seeboot in jeder Hinsicht das Richtige und Wünschenswerte.

Es dürfte wünschenswert sein, bevor wir auf diese Dinge noch näher eingehen, die gebräuchlichen und möglichen Beseglungsformen für Kreuzer kurz als solche zu besprechen. An erster Stelle steht dabei naturgemäß der Kutter. Soweit europäische Verhältnisse in Betracht kommen (in Amerika hat immer eine starke Neigung für den Schoner einer- und das Catboot andererseits bestanden), war geraume Zeit hindurch die reine Kuttertakelage (Großsegel, Topsegel und 3 Vorsegel) „die" Jacht-Beseglung schlechthin, so daß sich für die meisten Leute wohl die Begriffe „Kutter" und „Jacht" im täglichen Sprachgebrauch nahezu deckten, obwohl gerade damals der Kutter auch in der gewerblichen Kleinschiffahrt noch eine größere Rolle als heute spielte.

Vom streng technisch-objektiven Standpunkte aus ist das heute so gut wie völlig vorbei. Den unstreitbar ersten Rang auf diesem Gebiet nimmt die Slup ein; die reinen Kreuzer größerer Abmessungen bekehren sich zur Yawl- und Ketschbeseglung (wobei der Großmast vielfach eigentlich der einer Slup bleibt) und wo sich wirklich eine Takelage findet, die man als Kutter bezeichnen muß, verrät sie doch in den meisten Fällen, daß der Zeichner der Slup mit ihrem Pfahlmast und dem weitaus die ganze Takelage beherrschenden Großsegel wesentlich näher gestanden hat als dem Vollblut-Kutter. Es ist in der Tat bekanntlich heute ohnehin gar nicht immer leicht, die Bezeichnung „Kutter" und „Slup" einwandfrei und unbestreitbar zu begründen. Einen der wesentlichsten, früher unbedingt geltenden Unterschiede, wonach das Vorstag beim Kutter nach dem Vorsteven, bei der Slup nach der Nock des Klüverbaums, bzw. des Bugspriets fährt, haben die langen Überhänge der moderneren Rennboote gründlich beseitigt; sie haben bewirkt, daß bei ganz unzweifelhaft slupgetakelten Booten das Vorstag noch längst nicht einmal nach dem Vorsteven, geschweige denn nach einem gar nicht vorhandenen Bugspriet fährt.

Das nach meiner Ansicht heute ausschlaggebende Merkmal des echten Kutters sind die drei Vorsegel, wobei allerdings die Möglichkeit, etwa einen Ballonflieger über den beiden Stagsegeln zu setzen, nicht mitzählen kann. Nächstdem aber ist nach dem heutigen Stande der Dinge das wesentlichste Merkmal des echten Kutters das verhältnismäßig (nach heutigen Begriffen) kleine Großsegel. Derartige echte Kutter (s. Skizze) gibt es nun freilich heute in der Jachtflotte kaum noch. Der Kutter von heute ist, wie schon angedeutet, aus der großen Slup geboren, die mehr Segel erhalten sollte, nachdem das Großsegel bis an die Grenze des Möglichen gebracht worden war, und diese Aufgabe war dann nur durch ein (oft geradezu lächerlich kleines) Topsegel und ähnliche Mittel zu lösen. Allein schon der riesige, weit über das Heck hinausragende Baum des modernen Kutters verrät seine Verwandtschaft mit der Slup und bringt, wenn man nicht zu riesiger Höhe der Takelage kommen will, ganz von selbst ein wesentlich anderes Verhältnis auch von Großsegel zu Topsegel hervor, als der alten Kutter es kannte. Man ist hier eben ganz offensichtlich dem reinen Rennsegler dichtauf gefolgt, und aus dieser Gefolgschaft erklären sich zwanglos alle Mängel, die der Wandersegler von heute dem Kutter nachsagen zu müssen glaubt, selbst bei relativ kleinen Booten, und die ihn zu Yawl und Ketsch getrieben haben.

Daß eine moderne Kutterbesegelung für den Kreuzer auf See nicht eben das Geeignete ist, wird kein Einsichtiger bestreiten können. Der riesige Baum, dessen Nock, wenn dort einmal etwas passiert, gar nicht oder nur unter Lebensgefahr zu erreichen ist, bedeutet an sich schon nichts gerade Wünschenswertes und wird vor dem Winde bei hohem Seegang geradezu zu einer Gefahr, die mindestens die angespannteste Aufmerksamkeit des Steuernden fordert. Die mächtige Großsegelfläche bedingt verhältnismäßig frühzeitiges Reffen, was nicht zur Verbesserung des Segelstandes beiträgt, und bei nur einigermaßen großen Fahrzeugen tritt dann noch hinzu, daß dies Reffen selbst gar nicht so einfach ist. Allermindestens aber bedingt eine derartige Takelage eine Mannschaftsstärke, die sich die wenigsten Wandersegler werden leisten wollen.

Alle diese Mängel der Kuttertakelage sind aber lediglich die Folgen ihrer Modernisierung, die dabei vom Standpunkte des Rennsportes aus durchaus folgerichtige Wege gegangen ist. Der Fehler lag und liegt allein darin, daß der Wandersegler begeistert und kritiklos übernahm, was nur für den Sonderzweck des Rennseglers berechtigt sein konnte.

Der erste und letzte Zweck des Rennbootes ist Schnelligkeit. Der Erreichung dieses Zieles ist alles andere, soweit als irgend möglich, unterzuordnen. Er bestimmt die Bootsform und ganz selbstverständlich auch die der Beseglung, und schon daraus folgt, daß ein Rennboot immer nicht nur die größte mit wirklichem Nutzen tragbare und mögliche Segelfläche erhalten, sondern daß man auch bestrebt sein muß, sie so wenig als möglich zu unterteilen, ihr Gewicht soweit zu beschränken, als es die Rücksicht auf die erforderliche Sicherheit zuläßt und schließlich ihre Bedienung den Forderungen des Wettfahrtbetriebes soweit als möglich anzupassen. Daß die notwendige Mannschaft — und zwar zahlreich genug, um die erforderlichen Manöver auch schnell auszuführen — gefahren werden muß, ist selbstverständlich. Wem sie im Einzelfalle zu groß ist, der muß eben in einer kleineren Klasse bleiben.

Tatsächlich wäre das Catboot, wenn es, von anderem abgesehen, nicht gar so schlechte Vorwind-Eigenschaften hätte, die ideale Renntakelage — selbstverständlich ohne Gaffel! — und jedenfalls zeigt das moderne Rennboot das unverkennbare

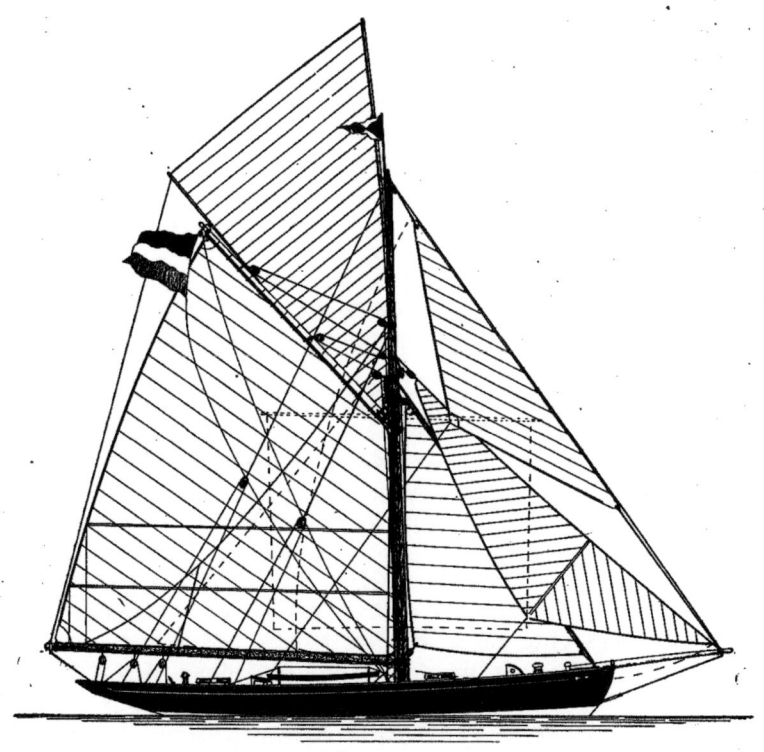

Abb. 31. Seemäßige Kutter-Takelage.

Bestreben, sich dieser Takelage so weit zu nähern als möglich ist. Abgesehen nun von dem natürlichen Bestreben auch des Wanderseglers, gleichfalls ein schnelles Boot zu haben, wird die Nachahmung der modernen Renntakelage aber auch noch durch ein anderes Moment gefördert: Durch das Streben der Fahrtensegler nach der berühmten „handigen" Besegelung, das, teilweise vielleicht ganz unbewußt, eine starke Abneigung gegen alle „Beisegel" gezüchtet und großgezogen hat, und es gibt tatsächlich

Herren, denen die einfache Slup mit Großsegel und einem Stagsegel ein für allemal der Inbegriff des sogenannt handigen Kreuzers ist.

Bei wachsender Größe des ganzen Bootes tritt dann einfach die

Yawl

in die Erscheinung, die für nicht wenige moderne Fahrtensegler wieder das A und O der Kreuzerbeseglung darstellt, wobei es sich streng genommen übrigens auch meist um eine Slup mit Besanmast handelt.

Daß diese Ansicht zunächst so unbedingt und absolut, wie ihre Vertreter glauben, keineswegs zutreffend zu sein braucht, beweist die zur Genüge bekannte Yawl-Renntakelage, und dieser reichlich bescheidene Besan (der sein Dasein eben nur der Takelungsvergütung verdankt) ist keineswegs auf Rennjachten beschränkt geblieben. Es gibt eine ganze Anzahl Yawl-getakelter Kreuzerjachten, deren Beseglung dieser Renntakelage in keiner Hinsicht nachsteht. Ganz abgesehen davon, daß man den Hauptvorzug dieser Beseglung, die wenn auch beschränkte Manövrierfähigkeit unter Vorsegel und Besan allein, mit dem Flossenkieler wohl kaum jemals und auch bei gemäßigteren Schiffsformen nur durch einen sehr guten Konstrukteur erreicht. Tatsächlich wird nun aber ein wirklich kreuzermäßig besegelter Kutter, wie er in der Skizze, Abb. 31, gezeigt wurde, in einer Bö, die die Yawl zum Werfen ihres Großsegels bringt, kaum schlechter dastehen, wenn er — einfach sein Topsegel an Deck bringt. Die Verkleinerung der ganzen Segelfläche wird, eine wirkliche Kreuzer-Yawl mit angemessen großem Besan vorausgesetzt, nicht viel geringer sein, die Manövrierfähigkeit aber unfraglich besser. Handelt es sich dabei noch um eine echte Kuttertakelage mit Stenge, die leicht und mühelos gestrichen werden kann, und dann das Topgewicht ganz wesentlich verringert, so wird ein gut geballastetes, hochbordiges Schiff, also ein wirklicher Kreuzer, es schon eine ganze Weile aushalten können, bevor er daran denkt, auch noch zu reffen. Er wird dabei aber in guter Hand am Steuer weiter kommen als die trotz allem ohne Großsegel doch etwas flügellahme Yawl. — Man darf doch letzten Endes nicht vergessen, daß die Yawl-Takelage eigentlich die eines Fischerbootes ist und mit Besan und Vorsegel das Boot nur eben auf der See halten soll, wenn es vor den Netzen liegt.

Im übrigen wird doch offenbar der Grundsatz der absoluten Handigkeit durch die Yawl mindestens ebenso durchbrochen wie durch das Topsegel. Ganz abgesehen davon, daß die Kosten für Anschaffung und Unterhalt gar nicht unwesentlich steigen. Selbst wenn man den Großmast slupgetakelt annimmt, also ohne Stenge, so treten doch Ausleger, Mast, Baum und Gaffel, eine Schoot, zwei Fallen und das erforderliche stehende Gut hinzu; die anzuschaffen sind und im Gebrauch der Abnutzung unterliegen. Daß übrigens der Großbaum wesentlich „leichter" sein kann als beim Kutter, möchte ich, wenn man von der Gewichtsverminderung durch die Verkürzung absieht, bestreiten. Die hier recht ungünstig nur an der Baum-Nock angreifende Schoot bedingt sogar einen verhältnismäßig reichlich starken Baum, wenn er sich nicht in unangenehmer Weise durchbiegen oder gelegentlich auch brechen soll.

Zusammenfassend kann man bei ganz objektiver Betrachtung also wohl sagen, daß die Kutter-Takelage bzw. auch ein Kompromiß aus Slup und Kutter (Pfahlmast, nur zwei Vorsegel usw.) auch für den reinen Kreuzer solange vorzuziehen ist, bis die einzelnen Segel wirklich zu groß werden. Voraussetzung ist dabei allerdings immer, daß es sich nicht um eine moderne Renn-Kuttertakelage handelt, und daß die einzelnen Segel gut zueinander abgestimmt sind. Die „Handigkeit", also doch wohl die Möglichkeit, die nun einmal vorhandenen Segel leicht und praktisch setzen und bergen zu können, läßt sich eben bei jeder Beseglungsform erreichen, und ist letzten Endes im wesentlichen Sache einer gewissen Gewöhnung.

Wird nun das Schiff aber so groß, daß eine Kutter-Takelage mehr Hände an Bord erfordern würde, als man haben kann oder will, so ist nach meiner Ansicht das richtige Aushilfsmittel nicht die Yawl (die nebenbei gesagt nach meiner persönlichen Ansicht auch in bezug auf ihr Aussehen unschön wirkt), sondern die

Ketsch.

Mit der Tatsache, daß durch die hier gegebene stärkere Betonung des Besans die Amwindeigenschaften des Bootes etwas verschlechtert werden, muß man sich allerdings wohl oder übel abfinden. In der Praxis bedeutet die Ketschbesegelung eine weitergehende Verschlechterung schon insofern kaum, als für einen Kreuzer das Ganze praktisch wirklich nicht in Betracht kommt. Es ist schon bei einer Wettfahrt oft nur von zweifelhaftem Wert, wenn man die Amwindeigenschaft seines Bootes bis zur äußersten Grenze ausnutzt. Für einen Wandersegler segelt aber wirklich jede Ketsch hoch genug am Winde.

Der Besan der Ketsch ist zweifellos schon ein Segel von Bedeutung, und das Boot wird mit ihm und dem Stagsegel allein schon recht gut wirklich segeln können. Er kann aber nächstdem auch von dem Mann am Ruder ständig beobachtet werden, und seine Bedienung ist leichter und bequemer als bei der Yawl, wo sie, ganz achter auf dem Heck, möglichst mit gelegentlichem Turnen auf dem Ausleger fast ebenso gefährlich bei Seegang werden kann wie die eines Rennkutters. Daß der Ausleger völlig vermieden werden kann, ist ein weiterer Vorzug dieser Takelage.

Ketsch und Yawl fahren gern auch ein Besan-Stagsegel, das für den reinen Seekreuzer, der lange Strecken unter gleichbleibenden Verhältnissen ablaufen kann, auch kaum ein Fehler genannt werden kann. Für den Binnen-Kreuzer, der mit verhältnismäßig kurzen Schlägen rechnen muß, ist es selbstverständlich eine Tierquälerei, zumal sein Nutzen immerhin nur bescheiden ist. Das Besan-Topsegel, das gelegentlich auf einer Ketsch in die Erscheinung tritt, ist, soweit nicht Boote von immerhin größeren Abmessungen in Betracht kommen, offenbare Spielerei. Seine Fläche ist gegebenenfalls dem Besan selbst ohne weiteres hinzuzufügen, und man spart damit ein Stück Mast, das gesamte laufende Gut des Segels und die lächerliche Arbeit mit dem Taschentuch, das es schließlich doch nur ist.

In jüngster Zeit sieht man auch auf jawl- und ketschgetakelten reinen Kreuzerjachten die weiter oben ein-

Abb. 32. Ketsch „Heimat". Konstrukt. Dr. h. c. Oertz.
Besitzer: W. Gieskes, K. Y. C.

gehender besprochene Hochtakelung. Während man auch in Deutschland so besegelte kleinere Jachten schon seit einigen Jahren in stetig wachsender Zahl sieht, sind größere Fahrzeuge, als Ketsch oder Yawl hochgetakelt, erst im Jahre 1924 auf dem Plan erschienen, und zwar unseres Wissens in Größen bis zu etwa 200 qm Am-Wind-Segelfläche. Eine Reihe älterer Kreuzerjachten, deren Segel erneuerungsbedürftig waren, erhielten gleichzeitig mit neuen Segeln eine völlig neue Hochtakelung, und verschiedentlich mußte man sich erst an den ungewohnten Anblick eines Fahrzeugs mit Klippersteven, über dem die Hochbesegelung emporragte, gewöhnen.

Da man niemals Klagen über die Hochtakelung als solche bzw. über mit solcher umgetakelter Jachten hörte, ging die Gewöhnung noch leichter, und auch die ästhetische Befriedigung, die so mancher Zweifler erst gar nicht zugeben wollte, stellte sich nach und nach ein.

Eine Anzahl Pläne, auch größerer Jachten mit Hochbesegelung, wird auch bei dem Leser den in oder gar trotz seiner Zweckmäßigkeit schönen Eindruck hinterlassen.

Der Schoner.

Wohl die überwiegende Mehrzahl der deutschen Segler verbindet ganz unwillkürlich mit dem Begriff „Schoner" den des großen Schiffes, das für die Allgemeinheit kaum in Betracht kommt und das nächstdem auch ziemlich viel Besatzung erfordert. — Schonergetakelte Fahrzeuge von etwa 12—14 m größter Länge existieren tatsächlich in Europa kaum, und daß es derartige Fahrzeuge gibt, die man ebensogut als Einhand-Boote bezeichnen kann und muß, wie nur irgendeine kleine Slup, ist vollends wohl den meisten Seglern hier so gut wie bekannt.

Tatsächlich ist die — bei uns, wie gesagt, so gut wie ausschließlich bekannte und gebräuchlichste — Rennschoner-Takelage (also zwei Masten mit Gaffel- und großen Topsegeln, Stagsegel zwischen den Masten und drei oder gar vier Vorsegeln) kompliziert genug, um eine ziemlich starke Besatzung zu rechtfertigen. Allein schon das Großstenge-Stagsegel macht bei den Strecken mit kurzen Kreuzschlägen reichlich Arbeit und erfordert dabei eigentlich (beim Rennsegeln unter allen Umständen), daß ein bis zwei Mann lediglich bereit stehen, bei jeder Wendung die erforderliche Auseinandersetzung zwischen ihm, seinem Stag und dem Gaffeltopsegel des Schonermastes herbeizuführen. Auf raumen Kursen wird man dabei noch ein oder gar zwei verschiedene Ballonstagsegel an seine Stelle setzen wollen, und wird so, selbst auf dem denkbar kleinsten

Schoner bei rennmäßiger Besegelung mit fünf bis sechs Mann Besatzung (einschließlich der Führung), genug zu tun haben. Daß sich unter diesen Umständen bei uns, wo das Rennsegeln ohne Frage bisher ganz überwiegend das Feld beherrschte, die Schonertakelage auf ganz große Schiffe beschränken mußte, ist um so verständlicher, als der Schoner selbstverständlich (ebenso wie Yawl und Ketsch) weniger hoch am Wind segelt als der Kutter. Wo wirklich ein kleineres Projekt auftauchte (es sind seinerzeit unter anderem verschiedene Konstruktionen von etwa 16 Segellängen entstanden, aber unseres Wissens selten ausgeführt worden), war offenbar der Wunsch, die auch hier gewährte Takelungsvergütung auszunutzen, der Vater des Gedankens, und das Boot wurde dabei so rennmäßig wie nur irgend möglich. Nicht wenige dieser Schoner hätten die Bezeichnung „Rennmaschine" offenbar mehr verdient als Kutter gleicher Größe, deren Konkurrenten sie sein sollten. Der sogenannte „Schwindel"-Schoner, dessen Schonermast eigentlich überhaupt nur noch eine Attrappe war, und gegen den bekanntlich ganz offiziell eingeschritten werden mußte, ist hierfür bezeichnend, aber auch die Schiffe dieser Art, denen das Machtwort des Verbandes die Stellung des Großmastes vorschrieb, zeigen noch das Großsegel von ganz überragender Größe, das so schwer wie irgend ein Kuttersegel zu bedienen ist.

Der wirkliche **k l e i n e** Schoner-**K r e u z e r**, wie u. a. die hier gezeigte „Malabar V", findet sich bis jetzt nur in Amerika, wo man, wie schon eingangs erwähnt, diese Besegelung immer geschätzt hat. Man verzichtet dabei auf Topsegel entweder ganz, oder beschränkt seine Anwendung auf den Großmast, und erhält Fahrzeuge, die nicht nur, gerade in bezug auf die Besegelungsform gesehen, wundervolle Kreuzer sind, sondern auch vorzüglich aussehen. Für die „Handigkeit" dieser Boote spricht schon die Tatsache, daß sie in den meisten Fällen mit höchstens einer bezahlten Hand an Bord rechnen, und in der Tat sind sie, wenn man ein sinnfälliges Beispiel suchen will, eigentlich ja auch nur gewissermaßen Ketschen, deren Masten man untereinander vertauscht hat, und für die Handhabung überaus praktisch eingerichtet.

Das Großsegel macht nicht mehr Arbeit als das irgendeiner Slup, das Schonersegel aber weniger als der Besan der meisten Yawls oder Ketschen, denn seine Schoot führt über einen Leitwagen nach achter und wird auf dem Aufbaudeck an seiner Klampe belegt, so daß sich das Segel beim Kreuzen vollständig selbst bedient. An der ganzen Takelage ist also nicht eine Spur mehr Arbeit als an der irgendeiner Yawl, und es kommen dabei die Vorzüge der wesentlich seemäßigeren Schoner-Besegelung uneingeschränkt zur Geltung.

Diese „Seemäßigkeit" des Schonerkreuzers ist in erster Linie in der günstigen Lage des Schwerpunktes der Gesamt-Segelfläche begründet, dann aber auch darin, daß die gesamte Art der Unterteilung der Segel ein handliches und bequemes Arbeiten auch unter schwierigen Wetterverhältnissen ermöglicht. Ebenbürtig ist dem Schoner dieser Größe in bezug auf gute Seeeigenschaften der Takelage höchstens die Ketsch, der aber der Schoner mindestens in bezug auf äußeres Ansehen ganz entschieden überlegen ist. Kann man also mit dem Kutter nicht mehr auskommen, weil die einzelnen Segel zu groß werden, so dürfte die Wahl zwischen Ketsch und Schoner im wesentlichen durch die Größe des Schiffes bestimmt werden. Greift die Länge des Fahrzeuges wesentlich über 12 m hinaus, so wird man dabei jedenfalls mit einer einfachen, zweckmäßig eingerichteten Pfahlmast-Schonertakelage nicht schlecht fahren. Schiffe dieser Art bilden einen sehr beträchtlichen Teil der amerikanischen Kreuzerjacht-Flotte und können durchaus auf den Rang von Ozean-Jachten Anspruch erheben.

Man braucht dabei in dem Gedanken an den Nord-Atlantik und den Golf von Mexiko, wo es bekanntlich sehr unangenehm wehen kann, Ost- und Nordsee keineswegs zu unterschätzen. Wind und See können auch hier bei uns recht unangenehm werden. Wohl aber handelt es sich dort um Reisen von sehr viel größerer Ausdehnung, auf deren langen Seestrecken die Behaglichkeit an Bord ein Moment von gar nicht zu unterschätzender Bedeutung ist, und diese Behaglichkeit an Bord besteht eben nicht nur in einer bequemen Koje und allenfalls der mehr oder minder knappen Stehhöhe, sondern auch in der wirklich seemäßigen, bequemen Takelage.

Daß alles dies für den reinen Binnen-Kreuzer — wie schon eingangs erwähnt — so gut wie gar nicht in Frage kommt, versteht sich von selbst.

Für ihn gelten grundsätzlich andere Bedingungen, und man wird besonders für die für uns hier geltenden Verhältnisse kaum je mit einem Boot auf die Dauer zufrieden sein, das nicht nach den Begriffen des See-Seglers reichlich übertakelt ist. Kommt wirklich einmal mehr Wind als man vertragen kann, so ist das doch in jedem Falle nur eine vorübergehende Erscheinung, und in diesem Fall muß eben das Patenttreff herhalten, wobei man um so leichter mit der Arbeit zu Rande kommt, als der Seegang nicht eine so große Rolle spielt wie auf dem grünen Wasser der offenen See. Es kann gewiß auf manchen unserer größeren Seen ein recht ansehnlicher Seegang stehen, aber es sind das doch zeitlich wie örtlich Ausnahmefälle. Im allgemeinen wird man mit leichterem Wind und einem Seegang zu rechnen haben, der überhaupt nur für offene Boote eine Rolle spielt. Eine verhältnismäßig große Besegelung ist hier auch für den Kreuzer einfach eine Notwendigkeit, und sie ist dabei mit modernen Mitteln, die auf See nicht immer zuverlässig erscheinen, am leichtesten zu bewältigen.

Über Einzelheiten der Besegelung und ihre Gestaltung wird weiterhin im Abschnitt VII noch einiges zu sagen sein.

Abb. 32a. Fischerboote vor Saßnitz.

V. Der Hilfs-Motor.

eder Freund seglerischer Betätigung wird mit Genugtuung begrüßen, daß es noch eine ganze Anzahl von Seglern gibt, die den Motor an Bord als ein grundsätzliches Übel betrachten. Leider aber ist die Sache damit allein nicht abgetan. Es ist eben wirklich nicht immer „Bequemlichkeit", die den Eigner zum Benzin bekehrt. Wir haben nicht alle die Möglichkeit, uns mit der bekannten Unzuverlässigkeit des Windes einfach abzufinden, und für allzuviele ist dies Übel zu ihrem eigenen Leidwesen ein notwendiges.

In der Tat wird die Frage, ob zu einem modernen Kreuzer ein Hilfsmotor gehört oder nicht, praktisch in der Mehrzahl aller Fälle und selbst in sehr kleinen Fahrzeugen, im bejahenden Sinne beantwortet, und es erscheint daher nicht angängig, dies Thema hier ganz zu übergehen. Allerdings gehört in den Rahmen gerade dieses Buches wohl lediglich eine Betrachtung von ganz allgemeinen Gesichtspunkten aus. Wer über spezielle Motorenfragen mehr und Näheres wünscht, findet dies in anderen Werken der „Segelsport-Bibliothek" eingehender behandelt.

Der Segler, der wirklich nur das notwendige von seinem Hilfsmotor verlangen will, würde sich eigentlich damit begnügen können, daß die Maschine imstande ist, dem Boot bei absoluter Windstille und in stromlosem Wasser eine Fahrt von 4—5 Meilen voraus zu geben. Eine größere Maschinenleistung würde sich eigentlich nur durch besondere, örtliche Verhältnisse (starke Strömung usw.) rechtfertigen, nächstdem aber ist zu berücksichtigen, daß tatsächlich nur Fahrt voraus verlangt zu werden braucht. „Maschinenmanöver" sind weder notwendig, wenn der Eigner wirklich Segler ist, noch ist ein solches Fahrzeug ein sehr geeignetes Objekt dafür.

Es folgt daraus, daß Umsteuervorrichtungen für die Schraube im Grunde schon etwas Überflüssiges sind. Sie rechtfertigen sich aber dadurch, daß mit ihrer Hilfe die Möglichkeit gegeben wird, der Schraube die sogenannte Segelstellung zu geben und so den

Übelstand zu vermeiden, der sich aus dem sehr beträchtlichen Widerstand ergibt, den die Flügelflächen beim Segeln bieten. Es ist aber möglich, was noch sehr wenig betrachtet und benutzt wird, technisch durchaus Gleichwertiges in dieser Hinsicht auch auf anderem und einfacherem Wege zu erzielen. Dieser Weg ist in einer Trennung von Motor und Schraubenwelle gegeben, wobei das Verbindungsglied zwischen ihnen nicht, wie im allgemeinen üblich, eine Kupplung, sondern ein Riemen bzw. eine Kette sein muß. Die Kupplung ist zwar technisch ohne Frage das Vollkommenere, aber es kommt darauf, angesichts der Tatsache, daß der Motor nicht ständig gebraucht wird, kaum allzusehr an.

Die möglichst leichte Schraubenwelle, die ruhig auch hohl sein kann, wird in diesem Fall außer im Steven mindestens noch an ihrem vorderen Ende gut gelagert und erhält eine Riemenscheibe, deren Größenverhältnis zu der der Motorwelle gleichzeitig zu einer Regelung der Umdrehungszahl beitragen kann. Bei gelöstem Antriebsriemen ist sie damit außer jeder Verbindung mit der Maschine und wird sich, besonders wenn man gut geölte Kugellager verwendet, beim Segeln ohne weiteres mitdrehen, so daß von einem nennenswerten Widerstand kaum die Rede sein kann. Nicht zu unterschätzen dürfte bei dieser Anordnung im übrigen die größere Freiheit in bezug auf die Aufstellung des Motors sein, der nicht wie sonst an das Wellenende gefesselt ist und auch so gestellt werden kann, daß eine Überholung möglich wird, ohne sich an den Füßen aufhängen zu müssen. Es ist sogar durchaus möglich, den Motor im Vorschiff aufzustellen, wenn dies nur als Kabelgatt und dergl. Verwendung findet, und besonders auf mittleren und kleineren Fahrzeugen wird man solche Bewegungsfreiheit nicht unterschätzen. Im übrigen ist diese Anordnung des Motors bzw. seiner Verbindung mit der Schraube keineswegs neu. So ist, um ein Beispiel anzuführen, in einer kleinen französischen Jolle der Motor mit dem Schwungrad nach vorn in dem Heckraum des Bootes aufgestellt und belästigt bei Nichtgebrauch keinen Menschen. Bei einer Wertung vom motorentechnischen Standpunkt aus aber ist immer, wie schon angedeutet, zu berücksichtigen, daß der Motor hier nur in Zwischenräumen und so kurze Zeit wie möglich arbeiten soll.

Es kommt bei derartigen Anlagen wirklich nicht darauf an, daß der Motor wirtschaftlich mit dem höchsten, erzielbaren Wirkungsgrad arbeitet. Wenn er nur überhaupt die bekanntlich wenig beliebten „hölzernen Leesegel" ersetzt, und im übrigen so wenig wie möglich stört. Auch die unleugbare Tatsache, daß Auflegen und Abnehmen des Riemens wohl etwas mehr Zeit und Arbeit kostet als das Einrücken des Flügelhebels oder einer Kupplung, dürfte ernstlich kaum ins Gewicht fallen.

Eine wichtige Frage — die durch die Tatsache, daß hier der Segler meist Laie ist, nicht eben leichter lösbar wird — ist sodann die Wahl des Motors selbst nach Typ und Leistung. Tatsächlich ist auf kleineren Fahrzeugen die Unterbringung eines Hilfsmotors nicht immer ganz einfach, es werden hier mit aus diesem Grunde oft Leichtmotoren gewählt, die für Bordzwecke aus den verschiedensten Gründen durchaus ungeeignet sind. In Wirklichkeit wird man dagegen für solche Hilfsmaschine unbedenklich einen einfachen Einzylinder-Zweitaktmotor wählen können, der im übrigen noch den Vorzug besitzt, in der Anschaffung billiger zu sein.

Richtig ist, daß der Zweitaktmotor bei gleicher Leistung einen etwas höheren Brennstoffverbrauch aufweist als die im Viertakt arbeitende Maschine. Alle anderen Vorwürfe aber gegen ihn sind teils in den letzten Jahren unberechtigt geworden, teils kommen sie gerade für unseren Zweck überhaupt nicht in Betracht. Auch der größere Brennstoffverbrauch spielt für den einfachen bescheidenen Hilfsmotor einer kleinen oder mittleren Segeljacht kaum eine Rolle von irgendwelcher Bedeutung. Um so weniger, wenn dem die Möglichkeit einer hier verhältnismäßig immerhin erheblichen Gewichts- und Raumersparnis, kleineres Schwungrad u. a. m. gegenübersteht. Vor allen Dingen aber empfiehlt sich der Zweitaktmotor durch seine wesentlich einfachere und robustere Konstruktion.

Wer wirklich Segler ist und als solcher sein Fahrzeug liebt, wird auch dem etwa vorhandenen Motor die Pflege nicht versagen, deren nun einmal jede Maschine bedarf, wenn sie zuverlässig und ohne Störungen arbeiten soll. Auch der Sorgsamste aber wird es begrüßen, wenn diese Pflege, die durch den engen verfügbaren Raum ohnehin nicht eben erleichtert wird, durch weitgehende konstruktive Einfachheit der ganzen Maschine eine erhebliche Erleichterung erfährt. Gerade dies aber ist beim Zweitaktmotor in hohem Grade der Fall. Alle besonders empfindlichen Teile (Ventile usw., um so empfindlicher, je kleiner die Maschine) fehlen vollständig, und der ganze Motor besteht nur aus wenigen, äußerst robusten Teilen von nahezu unbegrenzter Lebensdauer.

Besondere Beachtung sollte man gerade auf einer Segeljacht, auf der der Motor nur eine Nebenrolle spielt, der Brennstoffunterbringung widmen.

Da nur mit kurzen Betriebszeiten zu rechnen ist, kann der Tank verhältnismäßig klein gehalten werden. In besonderen Fällen kann eine größere Reservekanne an Deck gelagert werden. Nächstdem sei die Leitung zum Motor so kurz wie möglich, und man halte darauf, daß sie in ihrer ganzen Länge frei liege und leicht zugänglich ist. Außerdem empfiehlt es sich, diese Zugänglichkeit durch öftere Kontrolle besonders der Lötstellen der Leitung auszunutzen. Wohl die meisten Unfälle und Brände (die an sich übrigens recht selten sind und bei genügender Sorgfalt durchaus vermeidbar wären) sind auf das Konto schlecht angelegter, undicht gewordener Zuleitungsrohre zu setzen. Abgesehen davon, daß es natürlich immer auch Herren geben wird, die ausgerechnet beim Benzineinfüllen oder bei Vergaseruntersuchungen rauchen müssen. Im übrigen gehört ein guter Löschapparat natürlich zum unerläßlichen Inventar auf einer Jacht mit Hilfsmotor. Ebenso eine elektrische Lampe zur Beleuchtung des Motors bei etwaigen Arbeiten in der Dunkelheit.

Eine gesonderte, kurze Behandlung verdient sodann schließlich der Außenbordmotor.

Der Gedanke des Außenbordmotors bietet naturgemäß schon an sich für den Segler viel Verführerisches. Wenn das Vorhandensein einer motorischen Hilfe auch durchaus wünschenswert erscheint, erschwert der Gedanke an die Schwierigkeit des Einbaues und die Beeinträchtigung der Segeleigenschaften den endlichen Entschluß oft ganz erheblich, und die Aussicht, die erstere ohne solche wirklichen oder vermeintlichen Nachteile erlangen zu können, wird des Interesses weiter Kreise sicher sein.

Den ersten Apparat dieser Art hat unseres Wissens die bekannte Motorenfirma Cudell hier auf den Markt gebracht. Ein kleines Motoren-Aggregat auf langer Stange, an deren anderem Ende die Schraube sitzt. Das Ganze wird wie ein Wrickriemen in einer Gabel über das Heck gesteckt, und ebenso leicht wieder abgenommen. Abgesehen von etwaigen Vorzügen oder Nachteilen des Motors an sich hat die Anordnung als solche zweifellos den unbestrittenen Vorzug, denkbar leicht und schnell an- und abmontiert werden zu können. Die verschiedenen (im Aussehen wohl gefälligeren) Systeme, bei denen die Schraube (meist mit Hilfe einer Gelenkwelle oder durch Zahnradübertragung betätigt) senkrecht unter dem Motor sitzt, müssen unseres Wissens jedesmal durch Schrauben am Heck befestigt werden und erfordern, wo kein Spiegelbrett vorhanden ist, evtl. sogar das Anbringen einer besonderen Einrichtung für diesen Zweck. Nicht zu leugnen ist allerdings, wie gesagt, daß sie meist besser aussehen; die Zuverlässigkeit der kleinen Motoren ist wohl bei allen die gleiche und sehr viel größer, als der Laie wohl annimmt. Allerdings verlangen auch sie die Pflege, die grundsätzlich jeder Maschine zuteil werden sollte, von der man zuverlässige Arbeit verlangt.

Daß man die Nachteile der Anbringung des Außenmotors am Heck neuerdings dadurch zu vermeiden sucht, daß man die Schraube durch einen im Boot selbst angebrachten Schacht zu Wasser führt (Schachtmotor), ist bekannt. Für den Motor bedeutet dies

Abb. 33. In der Ausrüstung in Lemwerder.

entschieden eine Verbesserung, — für das Boot zum mindesten eine Komplizierung (und mithin Verteuerung) des Baues, denn es ist selbstverständlich zu beachten, daß beim Bau hierauf Rücksicht genommen und nicht durch den Schacht eine Schwächung der Verbände herbeigeführt wird.

Im übrigen ist das Problem, das zu diesen Konstruktionen geführt hat, offenbar noch nicht vollkommen gelöst, obwohl die Wege zu einer solchen Lösung klar zutage liegen. Sie sind wieder in der schon erwähnten Trennung von Motor und Schraube zu suchen, d. h. der Motor gehört fest in das Boot, während die Schraube mit ihrer Welle nach Bedarf auszulegen und einzuziehen sein muß. Ein Gedanke, der im übrigen schon sehr alt ist und in besonderer Form bekanntlich schon auf den alten Kreuzerfregatten und Korvetten (die oft bessere Segler als Dampfer waren) durchgeführt wurde. Die Schraube arbeitete hier auf dem losen Hinterende der Welle in einem Rahmen, der durch den sogenannten Brunnen aus dem Wasser gezogen werden konnte. Ist eine derartige Einrichtung nun freilich auf kleinen Fahrzeugen nicht gut möglich, so bestehen doch ohne Frage hier Möglichkeiten, die noch der Auswertung harren.

Abb. 33a. Einfahrt in den Hafen von Stubbekjöbing auf Falster (Grönsund).

VI. Aus der Praxis an Bord.

Daß sich über das Thema „Praxis an Bord" sehr bequem ein Buch schreiben ließe, das das vorliegende um ein Mehrfaches an Umfang übertreffen würde, weiß jeder Segler, der über die ersten Anfangsgründe seines Sports hinaus ist. Er weiß weiterhin aber auch, daß man selbst aus den eingehendsten Erörterungen gerade auf diesem Gebiete nur Umrisse entnehmen kann, die mit eigenen Erfahrungen ausgefüllt werden müssen. Im übrigen wendet sich gerade das vorliegende Werkchen seiner ganzen Anlage nach nicht an absolute Anfänger. Mindestens in rein seglerischer Beziehung wird sein Fahrzeug beherrschen müssen, wer auch nur binnen größere Wanderfahrten unternehmen will; es kann sich für uns hier im wesentlichen also nur darum handeln, einige für den Seesegler wichtige Fragen von rein seemännischem Standpunkt kurz zu erörtern. Vor allen Dingen solche, über die sich nicht alle Gelehrten einig sind.

1. Das Lenzen.

Wenn man genügend freien Seeraum vor dem Bug und eine gut kreuzermäßige Takelage (Breitfock und Trysegel) hat, so ist das Lenzen vielleicht das Höchste und Schönste, was die See dem Segler bieten kann. Wer es gar im offenen Ozean, an Bord eines unserer modernen Riesensegler, deren Rezept für den „Sturm" schlicht und einfach lautet: ihn „ausnutzen bis auf die letzte Meile", erleben durfte, und, von der Back aus nach achter blickend, die weißen Kämme der blaugrünen Wassermauern über die Begienraa hinweg sah, hat einen Anblick erlebt, den er im Leben nicht mehr vergißt! —

In der Ostsee wird auch eine Jacht, sofern sie nicht mit allzu großen Überhängen (deren Aufschlagen schließlich doch auf die Nerven geht) gesegnet ist, mit dem Lenzen durchkommen, wenn der Sturm nicht gerade tagelang anhält; denn so lange der Seegang nicht allzu groß ist, kann die Windstärke kommen, wie sie will. Gefährlich wird die Sache erst, wenn die hochlaufenden Seen schneller sind als das Schiff und, über das Heck schlagend, Gelegenheit finden, Unheil anzurichten. Damit ist für ein kleines Fahrzeug gesagt, daß man in jedem Fall gut tut, zur Nacht beizudrehen. Nicht nur ist es in der Dunkelheit immerhin schwierig, Höhe und Gewalt der See richtig einzuschätzen, wenn man nicht über sehr große Erfahrung verfügt, sondern man muß als vorsichtiger Schiffsführer auch in Rechnung stellen, daß das Arbeiten auf dem engen, nassen und glatten Deck einer kleinen Jacht in der Dunkelheit nicht ungefährlich für die Mannschaft ist. Das unzeitige Loskommen nur der Fockschoot zum Beispiel kann in solcher Lage glatt einen Mann über Bord gehen lassen, und wenn es das Unglück will, ist er noch dazu besinnungslos, was besagt, daß man ihn kaum wieder an Deck bekommt.

Anders liegen dagegen die Dinge, solange es hell ist. In diesem Fall kann wirklich fast nur der Großbaum eine nicht ganz seemäßig getakelte Jacht zum Beidrehen zwingen, wenn der Mann am Ruder sein Handwerk versteht und der Sturm nicht allzu lange anhält.

Der an langem Hals hochgesetzte Sturmklüver wird, solange außer ihm noch Breitfock oder Trysegel gefahren werden können, dicht geholt, soweit es geht, und hat dann lediglich dem Gieren des Fahrzeuges entgegen zu arbeiten. Dagegen sind die Schoten der nötigenfalls gerefften Breitfock gut abzufieren, was dem Bug das Klettern über die See erleichtert, und es kann dann schon recht anständig wehen, bevor die Sache unangenehm wird.

Irgendwie kompliziertes Geschirr an der Breitfock ist dabei, im Gegensatz zu den Ausführungen vieler Theoretiker, völlig überflüssig. Sie soll für die Jacht ein reines Sturm-Vorwindsegel sein, und die Brassen brauchen nur zu helfen, das Rack zu entlasten. Es kommen hierfür also am besten zwei passende Drahtstander in Betracht, die mit Hilfe eines angespleißten Endes durch einen Augbolzen oder sonst einen entsprechenden Beschlag derart steif gesetzt werden können, daß die Raa vierkant steht. Kommt bei leichterem Gieren des Fahrzeuges das Segel los und killt, so schadet das nicht viel. Im allgemeinen wird der dicht geholte Klüver seine Schuldigkeit tun und das Schiff wieder abfallen lassen. Gegebenenfalls wird man das immer mit Erfolg unterstützen können, wenn man die Luv-Schot fiert.

Die Toppnant der Raa gleichzeitig als Ausholer für das Segel zu verwenden, ist möglich, aber nicht ratsam. Es ist zu bedenken, daß das Raaliek so steif wie möglich ausgeholt werden muß. Bei Verwendung der Toppnant für diesen Zweck wird also ein sehr

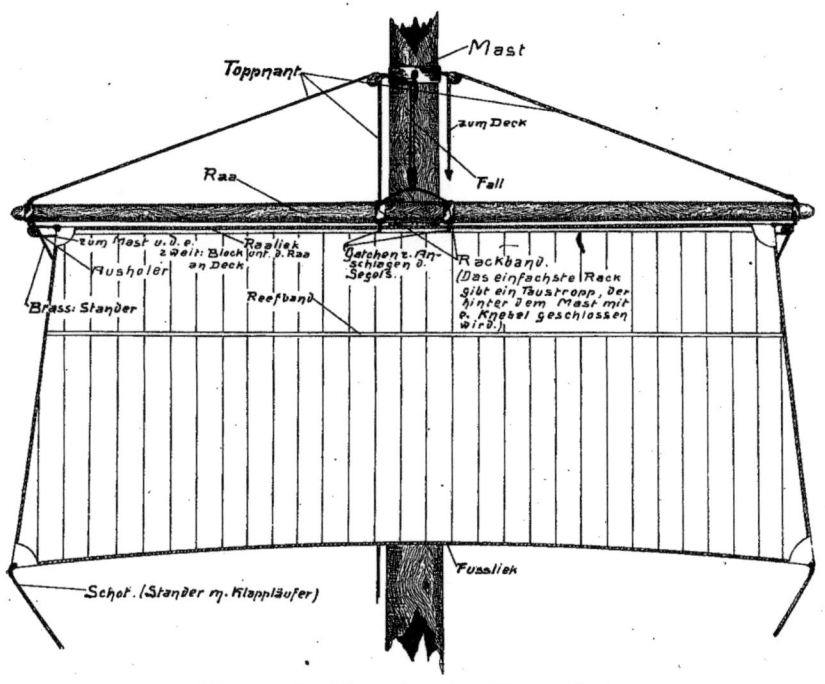

Abb. 34. Breitfock für eine Kreuzerjacht.

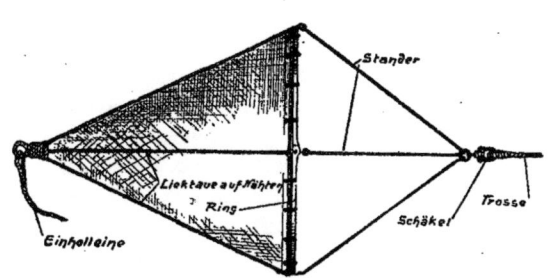

Abb. 35. See-Anker.

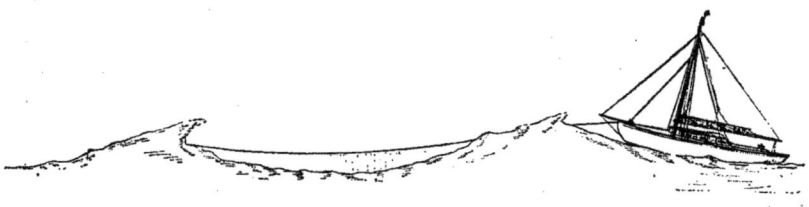

Abb. 36. Jacht vor See-Anker.

beträchtlicher Zug auf die Nocken ausgeübt werden, der bei den immerhin schwachen Abmessungen der Spiere nicht unbedenklich ist. Wohl aber kann man bei nicht zu großen Abmessungen die Ausholer ganz entbehren.

Das Segel wird in diesem Fall in der Mitte der Raa durch einen starken Bändsel angeschlagen und die Nocken vor dem Heißen mit einem einfachen Steckbolzen steif ausgeholt. Als Fall dient das Fall der Stagfock, und die Toppnants sind einfache Enden, von denen sonst das eine als Fall, das andere als Toppnant für den Spinnaker dient. Daß das Segel beim Setzen schlägt, ist auch sonst nicht zu vermeiden, und die Prozedur dauert in diesem Fall nur kürzere Zeit als sonst. Im übrigen ist bei dieser Einrichtung eine Brasse das einzige, was beim Fahren des Spinnakers nicht Verwendung finden kann. Die zweite ist gut mit als Achterholer zu brauchen. Verhältnismäßig wenig bekannt ist übrigens ein ebenso einfaches wie wirksames Mittel, ein Gieren des lenzenden Bootes zu verhindern, und dem Steuernden seine Arbeit zu erleichtern: Das Nachschleppen einer über das Heck gelegten Trosse. Ein geschlepptes Beiboot verrichtet an sich natürlich den gleichen Dienst noch wirksamer und besser, — welche Nachteile sich aus dieser Methode gelegentlich ergeben, ist bekannt.

2. Ruder-Havarie.

Im allgemeinen wird es sich bei Ruderhavarien um einen Bruch der Pinne handeln. Beschädigungen des Blattes sind selten und dasselbe gilt von dem immerhin freilich möglichen Niederbruch einer modernen Schrauben- oder Zahnradsteuerung.

Eine Wiederherstellung einer gebrochenen Pinne mit Bordmitteln ist leicht und in kurzer Zeit durch eine Laschung zu bewirken. Allerdings muß das erforderliche Werkzeug an Bord vorhanden sein, und in dieser Hinsicht wird es auf mancher Jacht hapern. Die sachgemäße Laschung einer Pinne ist sehr einfach; zu ihrer Herstellung sind zunächst mindestens einige lange, starke Nägel (besser Holzschrauben) erforderlich, mit denen die entsprechend zurechtgeschnittenen Stücke wieder miteinander verbunden werden. Vorteilhaft ist es nächstdem, an jeder Seite des so notdürftig wieder verbundenen Holzes eine flache Leiste anzubringen, die um so besser hält, je länger sie ist. Auch ein schraubenförmig umgelegter, fest angezogener Blechstreifen tut in solchem Fall immer gute Dienste. Auf das Ganze kommt dann die lange, sorgfältig aufgelegte Laschung, deren einzelne Windungen mit dem Marlpfriem so fest als möglich angezogen werden, und die schließlich durch untergeschlagene dünne Keile noch endgültig festgezogen wird. Ist alles mit der nötigen Sorgfalt geschehen, so wird die Reparatur bis zum nächsten Hafen schon halten.

Selbstverständlich tritt auch beim Herstellen einer derartigen Laschung eine Verkürzung der ganzen Pinne ein, die um so größer sein muß, je mehr man sich auf die Verschraubung und ihr Halten verlassen muß. In vielen Fällen also, besonders bei etwas größeren Fahrzeugen, wo die Pinne schon einigen Druck auszuhalten hat, wird man sich unter diesen Umständen die Arbeit sparen können, da man doch zur Talje greifen muß, die natürlich ebenso gut und besser auf den verbliebenen Stumpf geschlagen werden kann.

Will man bei einer Holzpinne auf solchen Booten (die eiserne hat wegen der unmittelbaren Nähe des Kompasses auf See ihre Schattenseiten) kein Reservestück mitführen, so sollte man ein paar flache, mit Bohrlöchern versehene, eiserne Schienen (ähnlich den, dem gleichen Zweck dienenden, sog. Raaschienen der Segelschiffe, die bei der Marine etatsmäßig waren) haben, die aufgesetzt werden und eine Verkürzung zwecks Herstellung einer Holzlasche überflüssig machen. Man kann diese Schienen, die zweckmäßig verzinkt werden, auch bei gleichen Unfällen an anderer Stelle mit Nutzen gebrauchen.

Handelt es sich um einen Bruch, der ein Laschen nicht mehr zuläßt, ist also die Pinne etwa ganz dicht am Ruderkopf gebrochen und kann man eine neue Pinne nicht anfertigen, so wird nichts übrig bleiben, als mit dem verbliebenen Stumpf fertig zu werden. Es ist dies, wie schon oben angedeutet, möglich, wenn zwei Arbeitstaljen an Bord sind, die man hier aufschlagen kann. Es wird etwas anstrengend und unbequem sein, aber jedenfalls gehen.

Kann man den entstandenen Schaden mit Bordmitteln nicht beheben (Beschädigung einer Spindelsteuerung, des Blattes oder zu kurzes Abbrechen der Pinne), so bleibt nur das viel besprochene Notruder, bei dessen Herstellung der seemännischen Erfindungsgabe des einzelnen ein weiter Spielraum gelassen ist. Es gibt hier weniges, das noch nicht in irgendeiner Form zu diesem Dienst herangezogen worden wäre, und die mannigfachen Erfindungen auf diesem Gebiet, die in der Praxis, auch auf großen Schiffen schon deshalb nie gebraucht werden, weil sie nicht zur Stelle sind, werden durch die eigenen, aus der Not geborenen Schöpfungen der betreffenden Schiffsführer reichlich ersetzt, wenn nicht übertroffen.

Das wohl Naheliegendste in solchen Fällen ist die Konstruktion eines über das Heck zu legenden Steuerriemens. Der Spinnakerbaum und nötigenfalls einige Bodenbretter liefern immer das erforderliche Material, und auch die Herstellung selbst ist nicht allzu schwierig. Empfohlen kann eine derartige Einrichtung aber kaum werden. Der Riemen ist mit der Hand keinesfalls zu regieren, bringt den Steuernden in Gefahr, wenn nicht über Bord geschlagen, so doch mindestens empfindlich verletzt zu werden, und ist mehr als unhandlich.

Unter den wiederholt empfohlenen Notruderkonstruktionen dürfte dagegen die über das Heck zu hängende Trosse, die durch Leinen an ihrem Tamp nach Steuerbord bzw. Backbord geholt werden kann, in bezug auf Leichtigkeit und Schnelligkeit der Herstellung sowie auf Handlichkeit obenan stehen. Sie wird schon von Dick und Kretschmer (Handbuch der Seemannschaft) und auch in anderen Werken empfohlen, und wie gesagt, an sich zweifellos mit vollem Recht. Nur ist bei ihrer Empfehlung für Jachtzwecke zu bedenken, daß hierfür nur eine ziemlich starke Trosse wirksam in Frage kommt, und es wird hier (wie häufig bei derartigen Dingen) der Umstand hinderlich sein, daß die Ausrüstung des Bootes eine solche Trosse nicht hergibt, weil sie eben nicht da ist.

Man wird in solchen Fällen also darauf bedacht sein müssen, den seitlichen Widerstand der Trosse im Wasser zu verstärken, was durch daran zu befestigende Bretter (beschweren, damit sie möglichst senkrecht im Wasser stehen), Spieren oder dergl. unschwer bewirkt werden kann. Mit der Wirkung eines derartigen Notruders wird man jedenfalls auch in diesem Fall zufrieden sein können.

Auch die einfachste Reparatur aber erfordert eine gewisse Zeit, während deren die Jacht steuerlos und damit in einer Lage ist, die unter Umständen recht unangenehm werden kann. Es gibt nur ein Mittel, sich diese Zeit unter allen Umständen zu verschaffen, und zwar ist dies

3. Der Seeanker.

Es gibt Segler, die den Seeanker, ebenso wie verschiedene andere Dinge (zu denen in schwierigen Fällen sogar Positionslaternen und Rettungsringe gehören) mit unverhohlener Verachtung betrachten zu müssen glauben. — Man kann doch nicht „Alles" mitführen, und außerdem ist das nicht „seemännisch". —

Verzeihung, meine Herren, „man kann wohl", und es ist entschieden seemännischer, auch nicht alltäglichen Situationen gewachsen zu sein, als, wenn dann doch etwas passiert, so ziemlich ratlos dazustehen. In der Tat dürfte es nicht viele Jachten geben, die einen solchen Apparat tatsächlich fertig im Kabelgatt liegen haben, und meist wird als Entschuldigung angeführt, daß er allzuviel

Platz beanspruche. Daß dies keineswegs zutrifft oder wenigstens nicht zuzutreffen braucht, dürfte folgende Konstruktion eines Treibankers zur Genüge beweisen. Zwei Stöcke, die bei Gebrauch ein altes Segel ausgespannt halten, sind um ihren Mittelpunkt drehbar, und der Anker ist auf diese Weise nicht nur soweit zusammenlegbar, daß er so gut wie gar keinen Raum beansprucht und selbst auf dem kleinsten Boot noch Platz findet, sondern sowohl das Fertigmachen wie das Zusammenlegen kann auch im Augenblick geschehen. Wichtig gerade für kleine Fahrzeuge ist dabei natürlich die besondere Einholleine, die an einer aus dem Wasser ragenden Spitze angreift. Wird sie geholt, so legt sich der Anker natürlich platt auf das Wasser und ist mit leichter Mühe einzuholen, was an der Trosse auf einem kleinen Fahrzeug mit mäßig gebrauchsfähigem Decksraum immerhin nicht ganz leicht sein dürfte.

Man kann den nicht vorhandenen oder nicht klaren Treibanker ersetzen, indem man den Anker selbst wegwirft und soviel Kette steckt, wie im Schiff ist. Das Gewicht, mit dem auf diese Weise das Vorschiff belastet wird, und der Widerstand, den Anker und Kette im Wasser finden, wird bewirken, daß das Heck herumgeht und das Fahrzeug sich mit der Nase in den Wind legt. Es ist jedoch einmal natürlich nicht wünschenswert, daß der so ausgesteckte Anker in die Lage kommen kann, Grund zu fassen, so daß das Manöver sich nur da empfiehlt, wo man das Wasser genügend tief weiß, und zum andern hat dieser „Ersatz" ebenso seine Mängel, wie jeder andere. Das dem Vorschiff auf diese Weise aufgebürdete Gewicht wird es, wie gesagt, zwar auf der See halten, es wird ihm aber auch das Heben des Kopfes vor anrollenden Seen stark erschweren, und die Folge dürfte sein, daß es auf dem Vordeck etwas naß und ungemütlich wird.

Abb. 37. Pilz-Anker.

Als provisorische, von Fall zu Fall mit Bordmitteln anzufertigende Treibanker können kräftige Spieren (eine Stenge oder dergl.) allein, oder in Verbindung mit einem alten Segel dienen, die an sich wohl unschwer zu einer derartigen Konstruktion zusammenzufügen sind. Selbstverständlich aber kostet das alles Zeit und Arbeit, und es dürfte sich also um so mehr lohnen, einen zusammenlegbaren Treibanker fertig an Bord zu haben, als bekanntlich seine nützliche Verwendung keineswegs auf Havarien beschränkt ist. Gerade für kleinere Fahrzeuge bedeutet er eine Erhöhung der Sicherheit, die nicht unterschätzt werden sollte.

Mindestens Fahrzeuge, die auch die Nordsee in den Bereich ihrer Tätigkeit ziehen, können den Seeanker auch gelegentlich zum Beiliegen mit außerordentlichem Nutzen gebrauchen. Er ist in jedem Fall an einer Trosse auszulegen, die, wie Abb. 36 zeigt, lang genug ist, um ihm seinen Platz hinter der zweiten See anzuweisen.

Die Ausrüstung.

Die Ausrüstung der Jacht ist ein Gebiet, auf dem nur sehr alte und erfahrene Wandersegler sich nicht damit begnügen, das hinzunehmen, was die Werft nach Gebrauch und Gewohnheit anordnet, und doch läßt sich hier eine Menge finden, was keineswegs neu und sensationell, — und eben nur nicht „Gebrauch" ist, und andererseits erheblich zur Erhöhung der Bequemlichkeit und Sicherheit beitragen kann.

In erster Linie sei hier für mittlere Jachten die in den seltensten Fällen auch nur bekannte Mast-Winde genannt.

Zweckmäßig angeordnet und eingerichtet kann sie zu allem Möglichen dienen. Sie gestattet, Piek- und Klaufallen durch ein einfach als Klappläufer geschorenes Drahtseil zu ersetzen, das sich nicht wesentlich reckt, länger hält, Blöcke erspart, und auch im Seegang gefiert und geheißt werden kann, ohne eine Volksversammlung auf dem engen, glatten Vorschiff nötig zu machen. Sie wird gelegentlich helfen, einen widerspenstigen Anker aufzuholen, erleichtert, wo ein solcher erwünscht und nötig ist, das Aufrichten des Klappmastes usw. —

Des weiteren gehört hier für seegehende Jachten das Ankergeschirr.

Man darf wohl ruhig sagen, daß das Ankergeschirr, das eine Jacht im allgemeinen bei ihrer Geburt mitzubekommen pflegt und das aus einem oft reichlich kleinen Anker nebst mehr oder weniger kurzer Kette besteht, für die Zwecke eines richtigen Seekreuzers nicht als ausreichend bezeichnet werden kann, und es ändert daran nichts, wenn die Sache mit dieser Ausrüstung eine ganze Weile gut geht. Wer in dieser Hinsicht so gerüstet sein will, wie er es immer sein sollte, wird sich einmal davon überzeugen, daß die vorhandene Kette genügend lang ist und daß sich an ihr ein Anker befindet, der im allgemeinen etwas schwerer ist, als für Renn- und Binnenjachten üblich zu sein pflegt. Bestimmte Gewichte lassen sich natürlich hierfür nicht angeben, da diese sich nach der Größe des Fahrzeuges richten, man darf jedoch in jedem Fall eher etwas zuviel als zu wenig rechnen. Den leichten, vorhandenen Anker nimmt man als Reserve-Anker an Bord, verstaut ihn so, daß er leicht zu erreichen ist (etwa auf einem vorbereiteten Lager an Deck, oder aufrecht am Mast) und kann ihn nun ebensowohl zur Unterstützung des Hauptankers in sehr schlechtem Wetter, wie als letzte Hilfe bei einem Verlust des letzteren benützen. Auch kann man mit ihm allein ankern, wenn der Aufenthalt kurz sein soll und das Wetter schön ist. Man fährt ihn dabei zweckmäßigerweise nicht an der Kette, wohin er nur bei einem Verlust des Hauptankers gehören würde, sondern an einer, ebenfalls mindestens etwa 30—35 m langen, leichten aber starken Manila-Trosse, die natürlich gleichfalls so verstaut sein muß, daß sie jeden Augenblick zur Hand ist. Sie dient im übrigen auch als Trosse (s. unten) und kann weiter auch mit Nutzen als Schlepptrosse Verwendung finden. Es schadet nämlich keineswegs, wenn die letztere etwas stärker ist als dies im allgemeinen der Fall zu sein pflegt.

Weiter sollte vorhanden sein:

1. ein entsprechend großer, zusammenlegbarer See-Anker (s. die früheren Ausführungen) und
2. ein kleiner, am besten aus Eisenbeton herzustellender Ankerstein.

Der letztere dient dabei verschiedenen Zwecken. Einmal gibt er einen ebenso bequemen, wie sicheren Anker für das Beiboot ab, nächstdem aber kann er beim Ankern in schwerer See auch zur Beschwerung der Kette verwendet werden. Es kann dies besonders nützlich sein, wenn auf irgendeine Weise der schwere Hauptanker zu Bruch gegangen ist, und in jedem Fall dürfte der Stein sich bezahlt machen. Zur Befestigung des Steins an Kette oder Trossen wird ein Ringbolzen, der unten über eine entsprechend breite Scheibe vernietet ist, in ihn eingegossen.

Wir kommen nun zu der Ausrüstung mit Tauwerk. — Laufendes Gut in verschiedenen Stärken zu führen, wie dies auf großen Schiffen geschieht, empfiehlt sich für eine Kreuzerjacht im Grunde nicht. Die Großschot, die wohl etwas stärker sein könnte, ist hier wohl meist ein Baumwollende, und alles übrige kann ruhig in gleicher Stärke sein. Als Reserve wird für diesen Fall ein sorgfältig aufgeschossenes an den Tampen bebändseltes Ende mitzuführen sein, dessen Länge mit einer kleinen Zugabe etwa der von Klau- und Piekfall entspricht. Ein Mehr schadet natürlich nicht, wird aber nicht erforderlich werden. Alte, etwa wegen Bruch ausrangierte und ergänzte Fallen usw. sind natürlich aufzuschießen und gleichfalls aufzubewahren. Eine Reserve-Großschot dürfte nicht erforderlich sein, im Fall eines Bruches, der einen völligen Ersatz erforderlich macht, kann man bis zum nächsten Hafen ein Manila-Ende einscheren.

Verschiedene Ausrüstungsstücke: — Die Liste des „Verschiedenen" kann natürlich schon auf einem kleineren Fahrzeug recht lang werden und muß es sein, wenn man auf Zufälligkeiten gerüstet sein will. Es gehören hierher: Schiemannsgarn, Segelgarn, ½ Dutzend Stroppen, 2—3 Reserveblöcke, 2 Arbeitstaljen, sowie zweckmäßig ein paar flache Eisenschienen für schwere Laschings mit den dazugehörigen Bolzenschrauben und Muttern usw. Auch die Ankerlaterne, sowie eine zweite, windsichere Laterne und andere Kleinigkeiten, deren Aufzählung nicht im einzelnen erforderlich sein dürfte, gehören hierher. Von besonderer Wichtigkeit aber, obwohl meist reichlich stiefmütterlich behandelt, sind schließlich

4. Werkzeuge.

Außer den nötigsten rein seemännischen Werkzeugen, Marlspieker, Drehknüppel, Kleidkeule, Segelhandschuh und Nadeln usw. sollten an Bord mindestens vorhanden sein: Hammer, Zange, ein starker Fuchsschwanz, einige Bohrer verschiedener Stärke, Schraubzwinge, Feile, Stemmeisen, Schraubenzieher, sowie schließlich eine Anzahl starker Bolzen (in die Löcher der Laschingseisen passend), Nägel und Schrauben, ein Bund Messing- und Stahldraht usw.

Wie aus dem Vorhergehenden, das zudem eine lediglich summarische Aufstellung des Wichtigsten — und vielfach zumeist nicht Vorhandenen — darstellt, ersichtlich ist, braucht eine seegehende Kreuzjacht, die wirklich ausreichend ausgerüstet sein soll, ein ziemlich reichhaltiges Inventar, und es ist nicht so leicht, wie es auf den ersten Blick erscheinen mag, diese Fülle an Bord unterzubringen.

Richtiger gesagt: das Unterbringen an sich ist nicht allzu schwer, aber es soll dabei auch so durchgeführt sein, daß man grundsätzlich von allen Dingen auch weiß, wo sie liegen, und das ist bei der Enge des verfügbaren Raumes eine gar nicht so leicht und einfach zu lösende Aufgabe. Trotzdem sollte man sich die Mühe nicht verdrießen lassen, in Segelkoje und Kabelgatt eine absolut strenge Ordnung einzuführen, denn es ist reichlich unangenehm, bei irgendeinem Unfall erst das ganze Schiff umkehren zu müssen, um irgendeinen Gegenstand, den man an Deck notwendig und möglichst auch eilig gebraucht, im Kabelgatt zu suchen. Um so mehr, je kleiner das Fahrzeug, um je enger und knapper bemessen demzufolge der Raum für Inventar und Segel ist. Die Aufgabe wird also eigentlich um so wichtiger — und gleichzeitig freilich auch um so schwieriger — je kleiner das Schiff ist.

Wünschenswert erscheint unter diesen Umständen eine grundsätzliche Trennung dieser Gegenstände. Segel und Tauwerk werden in der Segelkoje, Handwerkszeug, Arbeitstaljen, Stroppen usw. in der Vorpiek aufbewahrt, wo auch Laternen, Reserveanker und ähnliche Gegenstände Platz finden.

Die Aufbewahrung der Segel dürfte am besten in Säcken erfolgen. Für jedes Segel ein besonderer Sack mit deutlicher Bezeichnung des Inhalts. Zu beachten ist, daß die Segel vor dem Verstauen durchaus trocken sein sollen. Von Zeit zu Zeit sind sie bei schönem Wetter an Deck zu nehmen und dem wohltätigen Einfluß von Wind und Sonne auszuliefern. Es macht dies einige Arbeit, wird sich aber auf die Dauer zweifellos bezahlt machen.

Das Reservetauwerk wird in Buchten aufgeschossen und durch Bändsel zusammengehalten. Auf einem der Bändsel ist ein starker Zettel zu befestigen, der Stärke und Länge des Endes angibt. Es ist also zu bemerken, wenn ein Stück zu irgendwelchen Zwecken abgeschnitten wird. Man erspart sich auf diese Weise gelegentlich eine unangenehme Enttäuschung und weiß auch, wenn es an der Zeit ist, eine Neuanschaffung vorzunehmen. Zur Aufbewahrung der Taurollen werden an den Wänden der Segelkoje entsprechende Haken eingeschraubt, an denen die Rollen hängen. Wenn man einigermaßen auf Ordnung hält, wird man auf diese Weise leicht dahin kommen, daß man selbst im Dunkeln jederzeit findet, was man braucht. Im übrigen empfiehlt es sich, auch im Deck einen Haken anzubringen, an dem man eine Laterne aufhängen kann. Unter den Segelsäcken liegen diejenigen Gegenstände, die man voraussichtlich selten gebraucht; in unserem Falle also vielleicht der Seeanker, ein Beutel, der das Segelmacherhandwerkzeug (Garn, Nadeln, Handschuh usw.) enthält usw.

Für das Handwerkzeug (Hammer, Zange, Nägel usw.) schafft man sich zweckmäßig einen Werkzeugschrank an, der am Schott des Vorschiffs seinen Platz findet. Dort befindet sich an einem entsprechenden Holzhaken auch die vorhin erwähnte Schlepp- und Ankertrosse, wo sie nicht stört und jederzeit zur Hand ist. Für das übrige Material, Blöcke, Stroppen, Taljen usw., läßt man sich im Vorschiff zweckmäßig einige Borte anbringen, auf denen diese Dinge handgerecht verstaut werden können. Auch hier ist natürlich darauf zu achten, daß jedes Ding seinen ein für allemal bestimmten Platz hat, und es gehört, wo eine oder mehrere bezahlte Hände an Bord sind, zu den Pflichten des Eigners als Schiffsführer, sich im Wege gelegentlicher Revisionen davon zu überzeugen, daß hier wirklich stets Ordnung herrscht. Der Reserveanker wird am besten an Deck gefahren. Es werden dazu einige Hölzer auf den Decksplanken angebracht, auf denen der Anker in eingelassenen Spuren ruht. Damit er im Seegang nicht übermütig wird und auf eigene Faust zu wandern beginnt, können ein paar kleine Ringbolzen im Deck angebracht werden, mit deren Hilfe er festgezurrt werden kann.

Besondere Erwähnung verdient an dieser Stelle vielleicht die richtige Unterbringung des großen Toppsegels, sowie die Einrichtung des Spinnaker-Geschirrs. Beides Dinge, die dem Anfänger gewöhnlich einige Schwierigkeiten bereiten.

Für das Toppsegel dürfte die beste und zweckmäßigste Art der Aufbewahrung in einem langen, schmalen Sack aus geteertem, wasserdichten Segeltuch zu erblicken sein, dessen Abmessungen derart gehalten sind, daß das an seinen Raaen aufgerollte Segel bequem hineingeht, das ganze Paket wird dann auf dem Kajütsdach oder auch aufrecht im Leewant festgezurrt. Die Bergung nimmt wenige Augenblicke in Anspruch, und im Bedarfsfalle ist das Segel stets sofort zur Hand. Im übrigen ist natürlich auch hier für Lüftung zu sorgen, wenn das Segel längere Zeit nicht gebraucht wird.

5. Spleiße und Knoten.

Es kann zweifelhaft erscheinen, ob es zweckmäßig ist, auch über dies Thema einiges zu sagen. Sicher ist, daß man in dieser Beziehung in fünf Minuten mehr lernt, wenn man sich von seinem Segelmacher das Erforderliche zeigen läßt, als durch noch so eifriges Studium. Immerhin seien im folgenden wenigstens einige wichtige gebräuchliche Knoten aufgezählt und an Hand von Skizzen kurz besprochen:

Abb. 38. Achtknoten.

Abb. 39. Kreuzknoten.
(Rechter Knoten.)

Abb. 40. Zwei halbe Stecke.

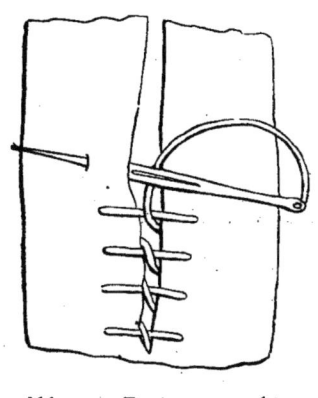

Abb. 41. Zwei verkehrte halbe Stecke.

Abb. 40a. Bootsmannsnaht.

Abb. 42. Webeleinsteck. Abb. 43. Schotensteck. Abb. 44. Pfahlsteck.

Abb. 45. Stoppersteck. Abb. 46. Nackenschlag. Abb. 47. Zimmersteck.

6. Bootsmannsnaht.

Wie die Abbildung 40a zeigt, ist diese, an Land m. W. wenig oder gar nicht bekannte Naht durchaus kein besonderes Kunststück. Sie ist dabei zum vorläufigen Ausbessern selbst größerer Risse außerordentlich praktisch und sollte zu dem gehören, was jeder Wandersegler von dem Handwerksmäßigen des Segelns beherrscht.

VII. Das Kommando an Bord.

Es ist dies ein Thema, über das bekanntlich die Ansichten stark auseinandergehen. Das Richtige liegt — wie meist im Leben — in der Mitte. — Selbstverständlich ist es eine lächerliche Spielerei, die Art des Kriegsschiff-Kommandos auf eine kleine Jacht verpflanzen zu wollen. Auf der anderen Seite aber ist es nicht nur seemännisch, sondern auch aus sehr triftigen, praktischen Gründen wünschenswert, daß das, was der Schiffsführer bzw. der jeweilige Wachhabende gemacht haben will (und die Entscheidung darüber steht nur bei ihm!), durch ein **kurzes, unmißverständliches und seemännisch einwandfreies Kommando** befohlen wird, und es wäre durchaus zu wünschen, wenn dies im deutschen Segelsport einheitlich zur Durchführung gelangte.

Es seien — um ein praktisches Beispiel zu haben — in nachfolgendem die wichtigsten Kommandos während einer Fahrt mit einer größeren Kutterjacht so niedergelegt, wie sie nach Ansicht des Verfassers für Jachtzwecke am besten geeignet sind. Von dem in der Kriegsmarine Üblichen unterscheiden sie sich im wesentlichen durch den Fortfall der vorbereitenden, sogenannten **Ankündigungs-Kommandos**, die das dort natürlich erforderliche exerziermäßige „Klappen" sicherstellen sollen.

Es ist angenommen, die Jacht liege an der Boje, der Besitzer mit evtl. Gästen sei an Bord, die Stunde des Segelns jedoch noch nicht festgesetzt. Das an Deck gefahrene Beiboot liegt noch an der Fangleine außenbords. Führer: Der Eigner.

Bemerkt sei zunächst noch, daß es, besonders wenn die Jacht (was hier angenommen ist) ein paar bezahlte Leute fährt, zweckmäßig ist, Kommandos, die unerwartet kommen, durch ein **kurzes Signal mit einer Batteriepfeife** anzukündigen. Am besten bringt man dabei der Besatzung ein für allemal folgendes bei:

  Ein kurzer Pfiff = „Ein Mann achteraus!"
  Zwei Pfiffe = „Es folgt ein **Kommando für die Wache**."
  Drei „ = „Es folgt ein **Kommando für alle Mann**."

Der Eigner und die für die Bedienung der Segel mit in Betracht kommenden Gäste erscheinen an Deck. Drei Signal-Pfiffe: „Alle Mann, — klar zum Segelsetzen! — Beiboot an Deck!" —

(Während die Persennings abgenommen und verstaut, die Fallen klar gelegt und evtl. die Stagsegel angeschlagen und geklart werden, holt ein Mann das Beiboot längsseit, hakt die Taljen ein und kommt wieder an Deck.)

„Heiß das Boot!" —

„Klar zum Großsegel-Setzen, — hol' durch die Dirk, Bock wahrnehmen!"

„Heiß Großsegel!"

(Ruder und Großschot werden auf Fahrzeugen, wie sie für uns hier in Betracht kommen, während der Manöver wohl immer vom Führer selbst bedient. Es ist hier also vorerst kein Kommando nötig. Fraglich kann die Handhabung der Vorsegel bleiben, die auf größeren Booten meist aufgetucht (in stopps), also mit Segelgarn zusammengebunden geheißt und dann „ausgerissen" werden.)

„Heiß Stagsegel und Klüver — Steuerbords (Backbords-) Schot — — Los von der Boje!" — (evtl.): „Groß-Schot!" —

(Letzteres, wenn bei größeren Booten das Steifsetzen der Großschot die Kräfte des einzelnen übersteigt.) — —

Das Boot ist hiernach zunächst unter Segel. Eine gut erzogene Mannschaft wird sofort ohne besonderes Kommando das Deck klaren, Tauwerk aufschießen usw. und sich so selbst beschäftigen, bis der Führer zum Setzen der Beisegel ruft:

„Schotraa- (Dreikant-) Toppsegel und Flieger klar!"

— [Auf Ketschen und Jawls: „Heiß den Besan!" —]

Es ist hier folgendes einzuschalten:

Selbstverständlich ist im allgemeinen auch auf einer größeren Jacht der Führer in der Lage, selbst zu übersehen, ob und wann die Leute mit Toppsegel oder Flieger usw. klar sind. Er soll das — und das kann sehr wichtig sein — aber auch bei Nacht wissen, und es empfiehlt sich daher dringend, die Mannschaft an eine Meldung zu gewöhnen. Sie kann bei Tage ruhig, wenn man überflüssiges Rufen vermieden wissen will, nach dem Muster der Segellöser in der Kriegsflotte in einem Handaufheben bestehen, (sonst: „Flieger [Toppsegel] klar!"), wichtig ist nur, daß überhaupt gemeldet wird.

„Heiß Toppsegel (Flieger)! — Schoten dicht!" — —

„Steuerbords-Wache: Klar Deck!" —

Abb. 48. Hafen und Hafen-

Letzteres Kommando besagt, daß das Manöver mit Alle Mann beendet ist und bis zum nächsten Wach-Abschnitt die Steuerbordswache (die immer die erste Wache nimmt) allein an Deck zu bleiben hat. —

Besonders auf größeren Fahrzeugen wird es häufig nötig sein, die Segel noch nachträglich zu „trimmen" oder zu „kanten". Es ist in diesem Fall einfach das in Betracht kommende Ende („Stagsegel-Fall!" — „Toppsegel-Hals!" — „Piekfall!" usw.) zu kommandieren. —

Der Dienst am Ruder bildet auch für den Eigner der größeren Jacht, wenn er sein Fahrzeug überhaupt selbst führt, sogar das wesentlichste Moment seines „Sports". Erst hier kann er „segeln", obwohl natürlich für Seefahrten nicht nur eine regelmäßige Ablösung nötig ist, sondern auch navigatorische oder andere Pflichten den Eigner zwingen können und werden, das Ruder abzugeben. Das seemännische Kommando für solchen Fall lautet:

„Verfang' das Ruder!",

und wir wollen anschließend den Ruderdienst und die Ruder-Kommandos besprechen.

Wird der Rudersmann „verfangen" (das seemännische Wort für ablösen), so hat er zunächst dem Nachfolger den zu steuernden

einfahrt von Lohals auf Langeland.

Kurs (befohlener Kompaßkurs, oder „Beim Wind!", — „Beim Wind, gut volle Segel!") zu „übergeben". Der Kurs ist zu „übernehmen", d. h. laut und deutlich zu wiederholen. An Ruderkommandos genügen für eine Jacht:
„Steuerbord!" („Steuerbord das Ruder!")
„Backbord!" („Backbord das Ruder!")
„Hart Steuerbord!" (Backbord) (wenn die Drehung schnell erfolgen soll)
„Luv zum Wenden!" (Das Ruder ist stetig, aber langsam zu legen.)
„Halt' ab zum Halsen!"
(Gegebenenfalls ist der zu steuernde Kompaßkurs zu kommandieren.) — —

Will man eine auf eins der vorstehenden Kommandos eingeschlagene Richtung beibehalten, so wird kommandiert:
„Komm auf!" — „Recht so!" — —

Wenden und Halsen.

Bekanntlich kann man selbst sehr große Jachten so takeln, daß für das Wenden überhaupt nichts anderes nötig ist als das Legen des Ruders. Aber auch wo dies nicht angängig ist (mehrere

Vorsegel, Stagsegel zwischen den Masten usw.), kann und sollte man Manöver und Kommandos so viel wie möglich beschränken. Also:

„Klar zum Wenden!"

(Das Ankündigungskommando ist hier notwendig. Es ist vom Eigner anzuordnen, ob es nur besagen soll, daß alle Enden klar gelegt und bemannt werden sollen, oder ob auch etwaige Mittelstagsegel gleich niedergeholt werden sollen. Im ersteren Falle folgen die entsprechenden Kommandos

[„Besanstagsegel—Großstengestagsegel—nieder!"]

besonders, sobald es erforderlich ist. Es ist auch hier wünschenswert [in der Nacht unbedingt notwendig!], daß die Bereitschaft zum Manöver gemeldet wird.)

Bedient der Führer nicht selbst das Ruder, folgt das Kommando:

„Luv zum Wenden!" (und sobald das Schiff zu drehen beginnt)
„Los Vorschoten!" —
„Beim Wind" — „Klar Deck!" —

Wirkliches Halsen, d. h. das Wenden vor dem Wind, kommt für eine gaffelgetakelte Jacht kaum in Betracht. Was man hier „Halsen" nennt, ist meist ein Schiften des Baumes auf der Vorwindstrecke. Will man den Ausdruck Halsen beibehalten, sind folgende Kommandos notwendig:

„Klar zum Halsen!"
[„Halt' ab zum Halsen!"]
„Backstage!" — „Hol' mit Großschot!" —
[„Kurs!" —]

Für das Segelbergen sind Vorbereitungskommandos
(„Klar zum Segelbergen!")
überflüssig. Zu merken ist, daß Stagsegel niedergeholt:
„Besanstagsegel (Flieger, Klüver) nieder!",
fest an der Stenge fahrende (Dreikant-) Toppsegel aufgegeit:
„Groß-Toppsegel auf!",
Beisegel (Spinnaker) eingenommen werden:
„Spinnaker ein!"

Eine Ausnahme dürfte zweckmäßig sein, wenn (etwa beim Ankern) das Großsegel geborgen werden soll. In diesem Fall kommandiert man zweckmäßig:

„Großsegel bergen, — klar bei Piek- und Klau-Fall!" — „Fier weg überall!" —

Größte Länge	13,30 m
Länge i. d. Wasserlinie	10,00 m
Größte Breite	3,16 m
Größter Tiefgang	1,91 m
Verdrängung etwa	12,50 cbm
Besan	19,25 qm
Großsegel	43,00 qm
Vorsegeldreieck	17,75 qm
Vermessene Segelfläche	80,00 qm

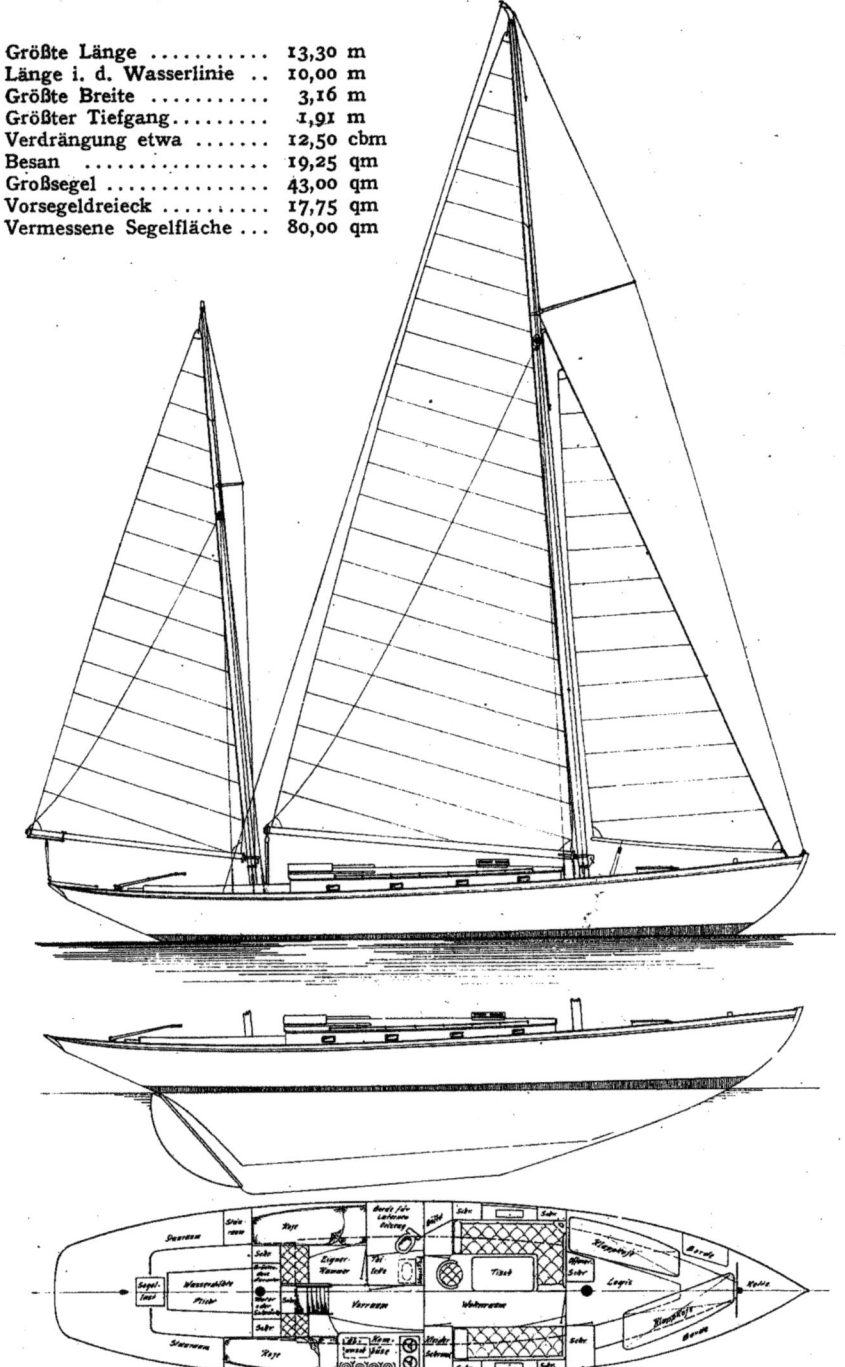

Abb. 49. 80 qm-Bundes-Seekreuzerjacht.
Entworfen von Hans Schröder, Berlin-Spandau.

Ankern:

Die für uns hier in Betracht kommenden Jachten pflegen mit einem Anker zu arbeiten, der nach Bedarf an Steuerbord oder Backbord geworfen wird. Das zweckmäßige Kommando ist in diesem Falle also:

„Klar zum Ankern an Steuerbord (Backbord)!"

Läuft die Kette ein Stück über Deck, so ist unbedingt das Kommando:

„Aus der Kette!"

zu geben, dem dann das

„Fallen Anker!"

folgt. — —

Abb. 50. Auf der Havel.

Bundes-Küsten- und Seekreuzer-Klassen.

Die Bundes-Küsten- und Seekreuzer-Klassen zerfallen in:
a) je eine 150-, 125-, 100-, 80- und 60 qm-Seekreuzer-Klasse;
b) je eine 50-, 45-, 40-, 30- und 20 qm-Küstenkreuzer-Klasse.

1. **Bauvorschriften:** Die Kreuzerjachten müssen in ihren Abmessungen, ihrer baulichen Ausführung und ihren wohnlichen sonstigen Einrichtungen den nachstehenden Bedingungen sowie den Vorschriften der folgenden Tabelle entsprechen.

Die Jachten sind unter der Aufsicht und nach den Vorschriften des Germanischen Lloyd zu erbauen und auszurüsten, und zwar hölzerne Jachten nach den Vorschriften für Klassifikation und Bau von hölzernen Segeljachten (Seejachten) 1916, stählerne Jachten nach den Vorschriften für die Klassifikation und für den Bau und die Ausrüstung von Jachten (Seejachten) 1904. Sämtliche Fahrzeuge müssen ein entsprechendes Zertifikat besitzen.

2. **Form:** Hohle Stevenlinien im Sinne der Anweisung für die Vermesser sind verboten. Die größte Länge der Jachten darf das 1,5-fache ihrer Länge in der Wasserlinie nicht überschreiten.

3. **Tauchtiefe:** Die Vermessung der Kreuzerjachten soll grundsätzlich in Salzwasser stattfinden. In Süßwasser vermessene Jachten erhalten die in der Anweisung für die Vermesser festgesetzte Vergütung.

Der größte nach der Tabelle zugelassene und auf 0,55 der Länge in der Wasserlinie von vorn gemessene Tiefgang darf nach achtern um 10 v. H. des betreffenden Tiefgangs größer werden. Dieser Tiefgang darf um nicht mehr als 1 v. H. überschritten werden.

4. **Ruder:** Freihängende Ruder sind für alle Kreuzerklassen verboten.

5. **Deck:** Die Jachten müssen ein festes Deck besitzen.

6. **Besegelung und Rundhölzer:** Für die Küsten-Kreuzerjachten sowie die 60 qm-See-Kreuzerjachten wird die Art der Besegelung freigestellt. Die Kreuzerjachten der größeren Klassen müssen unterteilte (auf zwei Masten verteilte) Segelflächen haben.

Die nach den Regeln des D. S. B. zu vermessende Gesamtsegelfläche darf das vorgeschriebene Höchstmaß nicht überschreiten. Bei einmastigen Jachten und bei Jawls darf das Vorsegeldreieck nicht kleiner als 25 v. H., der Besan bei Jawls nicht kleiner als 15 v. H. der Gesamtsegelfläche sein.

Bei ketschgetakelten Jachten darf das Vorsegeldreieck nicht kleiner als 22 v. H., der Besan nicht kleiner als 24 v. H. der Gesamtsegelfläche sein.

Bei Schonerjachten darf das Vorsegeldreieck nicht kleiner als 17,5 v. H. und das Schonersegel nicht kleiner als 24,5 v. H. der gesamten Segelfläche sein.

Die Höhe des Segelplanes, d. h. die Entfernung von der Wasserlinie bis zum höchsten Punkt des höchsten Segels darf nicht mehr als das 1,6-fache der Wasserlinienlänge betragen, jedoch soll den Jachten bis zu 50 qm eine Höhe des Segelplanes über Wasser bis zum 1,75-fachen der Wasserlinienlänge gestattet sein.

Gebaute hölzerne Masten und Spieren sind für alle Klassen erlaubt. Hohle sowie gebogene Masten und Spieren sind nicht gestattet.

Die gebauten hölzernen Masten und Spieren müssen innen und außen aus gleichem Holze hergestellt sein. Die Verwendung leichterer Holzarten, wie Baumwollholz usw. ist verboten.

Die Wanten auf jeder Seite sollen zusammen eine Bruchfestigkeit haben, die wenigstens 50 v. H. größer ist als die Verdrängung des Fahrzeuges.

Die Wantenspanner und sonstigen Befestigungen der Wanten sollen die gleiche Festigkeit wie das zugehörige Want haben.

7. **Plicht:** Für die 20 qm- und 30 qm-Küsten-Kreuzerklasse wird die Wahl der Plichtart freigestellt, für die größeren Klassen ist der Einbau einer selbstlenzenden Plicht vorgeschrieben.

8. **Hilfsmotor:** Für den Einbau eines Hilfsmotors ist in den Kreuzerjachten von 40 qm-Segelfläche ab ein entsprechender Platz vorzusehen. Die Bohrung für ein Stevenrohr sowie der Ausschnitt für den Propeller müssen vorhanden sein.

9. **Fahrtgrenzen:** Für die 20 qm- und 30 qm-Küstenkreuzerklassen dürfen Wettfahrten, deren Bahnen außerhalb der Grenze der kleinen Küstenfahrt liegen, nur mit Genehmigung des Vorstandes des D. S. B. veranstaltet werden.

10. **Ausrüstung:** Die vorgeschriebene Ausrüstung (siehe Tabelle) muß bei jeder Wettfahrt an Bord sein. Die Mitführung von Beibooten regeln die Wettfahrt-Ausschreibungen.

11. **Besatzung:** Für Wettfahrten wird eine Beschränkung der Besatzung nicht vorgeschrieben.

Deutscher Segler-Bund	Küsten-Kreuzerjachten					See-Kreuzerjachten					
I. Hauptabmessungen.											
Segelfläche, vermessen nach den Regeln des D. S.-B. höchstens	20 qm	30 qm	40 qm	45 qm	50 qm	60 qm	80 qm	100 qm	125 qm	150 qm
Die Verdrängung V ist zu berechnen nach V (cbm) = $(0,2 \cdot \text{Wasserlinienlänge} + x)^3$; hierbei muß x sein	0,144	0,180	0,208	0,220	0,230	0,256	0,297	0,334	0,373	0,400
Die Verdrängung (durch Berechnung oder Wägung festzustellen) muß sein mindestens	1500 kg	2800 kg	4300 kg	5100 kg	6000 kg	7850 kg	12100 kg	16900 kg	23600 kg	31000 kg
Größte Breite über Außenhaut mindestens	1,95 m	2,20 m	2,40 m	2,50 m	2,60 m	2,80 m	3,15 m	3,50 m	3,90 m	4,20 m
Tiefgang, auf 0,55 der Länge in der Wasserlinie von vorn gemessen höchstens	0,95 m	1,15 m	1,35 m	1,40 m	1,50 m	1,65 m	1,90 m	2,10 m	2,35 m	2,60 m
Freibord, auf 0,55 der Länge in der Wasserlinie von vorn gemessen mindestens	0,50 m	0,56 m	0,61 m	0,63 m	0,66 m	0,70 m	0,78 m	0,85 m	0,93 m	1,00 m
Durchlaufendes Schanzkleid, Höhe von vorn bis 0,55 der Länge in der Wasserlinie mindestens	0,03 m	0,045 m	0,06 m	0,067 m	0,075 m	0,09 m	0,12 m	0,15 m	0,19 m	0,225 m
Decksprung, d. h. Pfeilhöhe der Sehne am Schandeckel gemessen in Prozent der größten Länge mindestens	2 v. H.	2 v. H.	2 v. H.	2 v. H.	2 v. H.	2 v. H.	2 v. H.	2 v. H.	2 v. H.	2 v. H.
Lichte Länge des Kajüt-Aufbaus mindestens	1,50 m	2,00 m	2,50 m	2,75 m	3,00 m	3,50 m	4,50 m	5,50 m	—	—

(Fortsetzung.)	Küsten-Kreuzerjachten					See-Kreuzerjachten					
(Noch: I. Hauptabmessungen.)											
Höhe der Aufbau-Seitenwand, gemessen von Oberkante Deck bis Oberkante Aufbau-Schandeck mindestens	0,18 m	0,185 m	0,19 m	0,193 m	0,195 m	0,20 m	0,21 m	0,22 m	—	—	
II. Wohnlichkeitsvorschriften.											
Zahl der Schlafgelegenheiten mindestens	2	2	3	3	3	4	4	4	5	5	
Größe der Schlafgelegenheit, auf der Mitte gemessen mindestens	1,85 m × 0,60 m	1,85 m × 0,60 m	1,85 m × 0,60 m	1,85 m × 0,60 m	1,85 m × 0,60 m	1,90 m × 0,60 m	1,90 m × 0,60 m	1,90 m × 0,60 m	1,90 m × 0,60 m	1,90 m × 0,60 m	
Abort-Gelegenheit mind.	—	—	—	1	1	—	—	—	—	—	
Fest abgeschotteter Raum mit Abort und Wascheinrichtung .. mindestens	—	—	—	—	—	1	1	1	1	1	
Fest abgeschotteter Raum für die Küche mindestens	—	—	—	—	—	—	—	—	—	1	
Fassungsvermögen der Frischwasserbehälter mindestens	—	—	—	—	60 l	80 l	125 l	175 l	235 l	300 l	
III. Ausrüstungsvorschriften.											
Anker, Ketten u. Trossen mindestens	nach Vorschrift des Germanischen Lloyd										
Lose Lenzpumpe mindestens	1	1	—	1	1	1	1	1	1	1	
Festeingebaute Lenzpumpe mindestens	—	—	1	1	1	1	1	1	1	1	
Ankerspill mindestens	—	—	—	—	—	—	—	—	—	—	
Beiboot, nach besonderer Vorschrift	—	—	—	—	—	1	1	1	1	1	

Bauvorschriften für die Kreuzer-Klassen.

Deutscher Segler-Verband

I. Haupt-Abmessungen.

Deutscher Segler-Verband	25 qm-Kreuzer	30 qm-Kreuzer	35 qm-Kreuzer	45 qm-Kreuzer	60 qm-Kreuzer	75 qm-Kreuzer	125 qm-Kreuzer	175 qm-Kreuzer	250 qm-Kreuzer
Segelfläche, vermessen nach den Regeln des D. S.-Vb. höchstens	25 qm	30 qm	35 qm	45 qm	60 qm	75 qm	125 qm	175 qm	250 qm
Großsegel im Verhältnis zur Segelfläche höchstens	0,8	0,8	0,8	0,8	0,8	0,8	0,8	0,8	0,8
Länge über alles höchstens	6,50 m	7,70 m	8,50 m	10,50 m	12,90 m	12,50 m	18,00 m	21,00 m	24,90 m
Länge in der Wasserlinie höchstens	—	—	6,25 m	7,50 m	8,60 m	8,75 m	12,00 m	14,00 m	16,60 m
Das Verhältnis des Schmiegen-Umfanges am Vorderende der Wasserlinie zum doppelten Freibord an derselben Stelle soll nicht größer sein als	—	—	1,40	1,35	—	1,30	—	—	—
Größte Breite über Planken mindestens	2,10 m	2,30 m	2,00 m	2,20 m	2,50 m	2,70 m	3,10 m	3,50 m	4,00 m
Größte Breite in der Wasserlinie darf geringer sein um höchstens	[1]	10 v. H.	10 v. H.	8 v. H.	—	6 v. H.	—	—	—
Tiefgang der Kielboote (darf um nicht mehr als 1 v. H. überschritten werden) höchstens	—	—	1,00 m	1,20 m	1,45 m	1,50 m	2,00 m	2,40 m	2,80 m
Tiefgang der Schwertboote ohne Schwert (darf um nicht mehr als 1 v. H. überschritten werden) höchstens	0,20 m	0,35 m	0,75 m	0,90 m	1,00 m	1,15 m	1,40 m	—	—
Tiefgang der Schwertboote mit Schwert höchst. (Für die 175- und 250 qm-Kreuzer ist der Bau von Schwertbooten verboten.)	1,20 m	1,60 m	1,25 m	1,50 m	1,80 m	1,85 m	2,30 m	—	—
Freibord auf 0,55 der Länge in der Wasserlinie von vorn gemessen mindestens	0,45 m	0,60 m [2]	0,45 m	0,50 m	0,60 m	0,60 m	0,70 m	0,90 m	1,00 m
Durchlaufendes Schanzkleid, Höhe von vorn bis 0,55 WL. mindestens	—	—	0,03 m	0,04 m	0,05 m	0,06 m	0,08 m	0,10 m	0,125 m
Verdrängung (durch Berechnung oder Wägung festzustellen) mindestens	—	—	1 600 kg	2 400 kg	4 000 kg	5 200 kg	10000 kg	16000 kg	26000 kg

[1] Siehe Sonderbestimmungen unter 3. [2] Höchstmaß und Meßstelle nicht vorgeschrieben.

(I. Haupt-Abmessungen. Fortsetzung.)	25 qm-Kreuzer	30 qm-Kreuzer	35 qm-Kreuzer	45 qm-Kreuzer	60 qm-Kreuzer	75 qm-Kreuzer	125 qm-Kreuzer	175 qm-Kreuzer	250 qm-Kreuzer
Decksprung, d. h. Pfeilhöhe der Sehne am Schandeckel gemessen in % d. L. ü. A. ..... mindestens	1,50 v. H.	1,50 v. H.	1,25 v. H.	1,25 v. H.	1,00 v. H.	1,25 v. H.	1,00 v. H.	1,00 v. H.	1,00 v. H.
Decksbreite, gemessen von Außenkante Bordwand bis Decks-Aufbau .... mindestens	0,30 m	0,30 m	0,30 m	0,40 m	0,50— 0,60 m	0,60 m	—	—	—
Der Kajütaufbau muß an der breitesten Stelle sein mindestens	1,50 m	1,70 m	1,40 m	1,40 m	1,20— 1,50 m	1,50 m	1,50 m	—	—
Eine Abrundung des Aufbaues nach vorn bis zum Halbkreis ist gestattet. Vor dem Kajüts-Aufbau und hinter dem Sitzraum muß das Fahrzeug fest eingedeckt sein.									
Höchstzahl und Höchstgröße der zulässigen Luken	—	1 von 0,33 qm	1 von 0,33 qm	2 von je 0,33 qm	2 von je 0,36 qm	2 von je 0,36 qm	3 von je 0,36 qm	3 von je 0,36 qm	3 von je 0,36 qm
Lichte Länge des Kajüts-Aufbaues mindestens	—	2,20 m	1,60 m	2,30 m	3,30 m	3,30 m	4,30 m	1,80— 2,50 m	2,00— 2,76 m
Lichte Länge des Sitzraumes (Mindest- und Höchstmaße)	—	1,60— 2,20 m	1,60— 2,20 m	1,60— 2,20 m	1,60— 2,20 m	1,60— 2,20 m	1,60— 2,20 m		
Er muß bei den 60-, 75-, 125-, 175- und 250-qm-Klasse wasserdicht und selbstlenzend sein.									
Länge des Fußbodens in der Kajüte mindestens	0,90 m	1,00 m	0,90 m	1,20 m	1,60 m	1,80 m	2,30 m	3,00 m	3,30 m
Breite des Fußbodens in der Kajüte innerhalb dieser Länge, auf Innenkante Planken gemessen mind. Bei tieferliegendem Fußboden wird die Breite an der vorgeschriebenen Stelle auf Innenkante Planken gemessen. Die vorgeschriebenen Fußbodenbreiten sind innerhalb dieser Längen auch zwischen den Innenkanten der Sitze einzuhalten.	0,60 m	0,60 m	0,40 m	0,45 m	0,50 m	0,60 m	0,80 m	1,00 m	1,20 m
Höhe unter Deck in der Kajüte innerhalb dieser Länge, gemessen von Oberkante Fußboden bis Unterkante Deck an der Bordwand .... mindestens	0,50 m	—	0,75 m	0,85 m	1,00— 1,10 m	1,15 m	1,40 m	1,60 m	1,85 m
Höhe unter Kajüts-Aufbau innerhalb dieser Länge, gemessen von Seitenkante Fußboden bis Unterkante Aufbaudeck .... mindestens	1,05 m	1,20 m	1,20 m	1,30 m	1,60 m	1,70 m	1,90 m	1,90 m	—

(I. Haupt-Abmessungen. Fortsetzung.)	25 qm-Kreuzer	30 qm-Kreuzer	35 qm-Kreuzer	45 qm-Kreuzer	60 qm-Kreuzer	75 qm-Kreuzer	125 qm-Kreuzer	175 qm-Kreuzer	250 qm-Kreuzer
Über der Innenkante der festen Sitzbänke der Kajüte ist eine lichte Höhe einzuhalten von mindestens	0,75 m	0,90 m	0,90 m	0,95 m	1,20 m	1,20 m	—	—	—
Abstand von Unterkante Schandeckel bis Oberkante der festen Sitzbank ohne Kissen mindestens	—	—	—	—	—	—	—	—	—
Gewicht des Schwertes .... höchstens	—	—	—	—	0,85 m	0,85 m	1,00 m	1,10 m	—
Wulstkielplatten, Oberlichte für die 35- und 45-qm-Klasse, freihängende Ruder, sowie hohle Masten und Spieren sind nicht gestattet. Für die 125-, 175- und 250-qm-Klassen sind hohle Toppsegel-Raaen und Gaffeln erlaubt. Gebaute hölzerne Masten und Spieren sind für alle Klassen erlaubt. Die gebauten hölzernen Masten und Spieren müssen innen und außen durchweg aus gleichem Holz hergestellt sein. Die Verwendung leichterer Holzarten, wie Baumwollholz usw., ist verboten.	—	—	50 kg	75 kg	100 kg	125 kg	200 kg	—	—
Durchmesser des Mastes auf 2/3 Höhe von Deck bis Unterwanten .... mindestens	—	—	—	—	145 mm	—	215 mm	255 mm	300 mm

II. Wohnlichkeitsvorschriften.

	25 qm-Kreuzer	30 qm-Kreuzer	35 qm-Kreuzer	45 qm-Kreuzer	60 qm-Kreuzer	75 qm-Kreuzer	125 qm-Kreuzer	175 qm-Kreuzer	250 qm-Kreuzer
Der Kajütsraum muß bei der 35- u. 45-qm-Klasse hinten, bei der 60-, 75-, 125-, 175- und 250-qm-Klasse vorn und hinten abgeschottet sein.									
Zahl der Schlafgelegenheiten ..... mindestens	—	3	2	2	4	4	6	8	9
Davon dürfen Gasrohrkojen sein .... höchstens	—	—	—	—	2	2	2	3	4
Größe der Schlafgelegenheit auf festen Bänken, auf der Mitte gemessen .... mindestens	1,80 m × 0,60 m	1,80 m × 0,60 m	1,80 m × 0,55 m	1,80 m × 0,60 m	1,80 m × 0,60 m	1,80 m × 0,60 m	1,85 m × 0,65 m	1,85 m × 0,65 m	1,85 m × 0,65 m
Größe der Gasrohrkojen, auf der Mitte gemessen mindestens	—	1,80 m × 0,55 m	—	—	1,80 m × 0,55 m	1,80 m × 0,55 m	1,80 m × 0,55 m	1,80 m × 0,60 m	1,80 m × 0,60 m
Kochgelegenheit und Geschirr für Personen mindestens	—	—	—	2	4	4	6	8	10

(II. Wohnlichkeitsvorschriften. Fortsetzung.)

	25 qm-Kreuzer	30 qm-Kreuzer	35 qm-Kreuzer	45 qm-Kreuzer	60 qm-Kreuzer	75 qm-Kreuzer	125 qm-Kreuzer	175 qm-Kreuzer	250 qm-Kreuzer
Wasservorrat .... mindestens	—	—	—	—	—	—	—	150 l	250 l
Fest abgeschotteter Raum mit Abort und Wascheinrichtung von 0,65 qm Grundfläche in Sitzhöhe	—	—	—	—	1	1	1	1	1
Für den 175- und 250-qm-Kreuzer ist ein Pumpklosett vorzusehen. Die Waschgelegenheit im Klosettraum kann bei den 175- und 250-qm-Kreuzern fortfallen, wenn in der Kajüte zwei Waschtische vorhanden sind.									
Küche	—	—	1	1	1	1	1	1	1
Festeingebaute Lenzpumpe	—	—	—	—	—	—	1	1	1
Abgeschotteter Schrankraum .... mindestens	—	0,40 cbm	—	0,30 cbm	0,50 cbm	0,70 cbm	1,00 cbm	1,50 cbm	2,00 cbm
Stärke der Schottwände, Bänke, Fußböden, Schrankwände .... mindestens	—	—	10 mm	12 mm	12 mm	12 mm	15 mm	15 mm	15 mm
Ankerspill .... mindestens	—	—	—	—	—	—	—	1	1 mit Kettengang

III. Anker, Ketten und Trossen.

	25 qm-Kreuzer	30 qm-Kreuzer	35 qm-Kreuzer	45 qm-Kreuzer	60 qm-Kreuzer	75 qm-Kreuzer	125 qm-Kreuzer	175 qm-Kreuzer	250 qm-Kreuzer
Anker, Gewicht einschl. Stock	10 kg	14 kg	14 kg	16 kg	25 kg u. 18 kg	25 kg u. 18 kg	45 kg u. 37 kg	55 kg u. 45 kg	80 kg u. 62 kg
Kette, Länge	—	25 m	45 m	50 m	60 m	60 m	90 m	100 m	125 m
Kette, Dicke	—	6 mm	6 mm	7 mm	8 mm	8 mm	11 mm	12 mm	14 mm
Trosse, Länge	25 m	25 m	35 m	40 m	50 m	50 m	70 m	80 m	90 m
Trosse, Umfang	50 mm	65 mm	70 mm	75 mm	85 mm	85 mm	100 mm	105 mm	115 mm

IV. Beiboote.

	25 qm-Kreuzer	30 qm-Kreuzer	35 qm-Kreuzer	45 qm-Kreuzer	60 qm-Kreuzer	75 qm-Kreuzer	125 qm-Kreuzer	175 qm-Kreuzer	250 qm-Kreuzer
Länge	—	—	—	—	—	—	—	2,75 m	3,00 m
Breite	—	—	—	—	—	—	—	1,25 m	1,30 m
Tiefe auf ¼ Breite von der inneren Beplankung bis Oberkante Schandeck	—	—	—	—	—	—	—	0,45 m	0,48 m

Schlusswort.

Auch die kurze Entwicklungsgeschichte der Kreuzerjacht, die hier zu geben versucht worden ist, beweist vor allem, daß alle derartigen Dinge sich unter einem logischen Zwang bewegen, und daß diese Bewegung selbst — trotz aller Fortschritte von Wissenschaft und Technik — im Grunde kreisförmig verläuft. — Was ist der Kreuzer von heut anderes als einer jener durch Marryat berühmt gewordenen „Drei Kutter", in denen das „Leben" an Bord sicher eine reichlich so wichtige Rolle spielte wie das Segeln? — Er ist schneller geworden, — gewiß. Es wird ihm sicher nicht passieren, daß er in der Flaute hilflos mit der Ebbe treibt, und vielleicht hat er auch die Möglichkeit, mitten auf See das Rundfunk-Programm in unverfälschter Schönheit zu hören, aber im Grunde ist er doch wieder das Wohn- und Reiseschiff jener Tage. —

Und wieder wie damals regt sich im Unterbewußtsein des Eigners der Sportsmann. — Wird es bei gelegentlichen Handikaps und Privatrennen bleiben, oder wird die große Ausgleichswettfahrt dieses Jahres ein Auftakt sein zu anderen Dingen? — Wird auch dem Kreuzer unserer Zeit eine „Amerika" erscheinen, die aus der Idylle das ernste Schauspiel formt? —

Möglich ist das alles. — Zu wünschen aber wäre, daß man nicht gewaltsam eine Entwicklung zu hemmen suchte, die doch kommt, wenn sie nur gesund und natürlich ist, und — — daß man auch bei uns endgültig aufhören möge, den anderen als den minderwertigen Sportsmann anzusehen, nur weil er andere Wege geht. Es ist sicher eine schöne Sache um ein scharfes Rennen, bei dem jeder Mann an Bord hergeben muß, was nur in ihm steckt. Aber es gibt solche Zeiten auch für den Kreuzermann, meine Herren Rennsegler, und er fragt seinerseits ja auch nicht, wieviel „Brisenglück" bei einer trostlosen Flautentreiberei an diesem oder jenem schönen Pokal hängt.